프로가 만화로 가르쳐 주는

말랑말랑 5 ISO 입문

大浜 庄司 지음 | 염경철 옮김

A Guide
to ISO

일본 옴사 · 성안당 공동 출간

프로가 만화로 가르쳐 주는
ISO 입문

Original Japanese edition
Manga ISO Nyuumon—Hinshitsu ISO 9001 · Kankyou ISO 14001 · Kansa ISO 19011
By Shouji Ohama
Copyright ⓒ2005 by Shouji Ohama
Published by Ohmsha, Ltd.

This Korean Language edition is co-published by Ohmsha, Ltd. and SEONG AN DANG Publishing Co.
Copyright ⓒ 2013
All rights reserved.

All rights reserved. No part of this publecation be reproduced, stored in a retrieval system, or transmitted, in any form or by any means, electronic, mechanical, photocopying, recording, or otherwise, without the prior written permission of the publisher.

이 책은 Ohmsha와 성안당의 저작권 협약에 의해 공동 출판된 서적으로, 성안당 발행인의 서면 동의 없이는 이 책의 어느 부분도 재제본하거나 재생 시스템을 사용한 복제, 보관, 전기적, 기계적 복사, DTP의 도움, 녹음 또는 향후 개발될 어떠한 복제 매체를 통해서도 전용할 수 없습니다.

● ISO 관리 규격과 본서의 내용

경영관리시스템

품질경영시스템
- ISO 9001 : 2000 규격
  (KS Q 9001 : 2000 규격)
  품질경영시스템
  －요구사항－

본서의 제1편

환경경영시스템
- ISO 14001 : 2004 규격
  (KS Q 14001 : 2004 규격)
  환경경영시스템
  －요구사항 및 이용안내－

본서의 제2편

경영시스템 감사
- ISO 19011 : 2002 규격
  (KS Q 19011 : 2003 규격)
  품질 및 환경경영시스템 감사를 위한 지침

내부 감사의 예
- ISO 14001 환경경영시스템 감사
  내부환경감사

본서의 제3편

ISO 섹터 규격

[예] 전력 분야의 ISO 9001에 준하는 섹터 규격

안전관리 감사 실시 요령(내규)
－법정자주검사에 관한 품질경영시스템－

본서의 제4편

차례

제 1편 : 품질경영시스템이란 무엇인가

제1장 ISO 9001 품질경영시스템을 이해한다
조직은 품질경영시스템을 개발한다 ·················· 2
품질매뉴얼은 프로세스의 상호 관계를 기록한다 ···· 3
문서관리 절차를 확립한다 ························· 4
품질기록은 적합·운용의 증거로 남긴다 ············ 5
경영진은 품질경영시스템 구축에 관여한다 ········· 6
품질목표를 설정하고 품질계획을 세운다 ··········· 7
조직의 책임과 권한을 명확히 한다 ················ 8
최고경영자는 기획관리를 한다 ···················· 9
조직은 자원을 운용관리한다 ····················· 10
인적자원을 확보하고 교육훈련시킨다 ············· 11
조직은 필요한 시설·작업환경을 제공하고 유지한다 ·· 12
제조 프로세스를 계획한다 ························ 13
고객 요구사항을 만족시키는 조직 능력을 확인한다 ·· 14
설계·개발은 계획하고 입출력은 명확히 한다 ······ 15
설계·개발 프로세스의 검토, 검증한다 ············ 16
조직은 공급자를 평가하고 선정한다 ··············· 17
조직은 공급자에게 구매 정보를 제공한다 ·········· 18
제품의 제조·서비스 제공을 관리한다 ············· 19
검증 불가능한 프로세스는 그 타당성을 확인한다 ·· 20
제품을 식별하고 추적성(traceability)을 관리한다 ·· 21
고객재산을 식별·검증·보호한다 ················· 22
제품은 최적의 상태로 보관한다 ··················· 23
검사기기, 측정기기는 관리·사용한다 ············· 24
고객 만족의 정보 입수·사용 방법을 결정한다 ······ 25
내부감사 프로그램을 작성하여 실시한다 ·········· 26
프로세스를 감시·측정하고 적절히 수정한다 ······ 27
제품특성을 감시하고 측정한다 ··················· 28
부적합 제품은 식별하고 관리한다 ················ 29
데이터를 수집하고 분석해 정보를 제공한다 ······· 30
품질경영시스템을 지속적으로 개선한다 ··········· 31
부적합에 대해 시정조치·예방조치한다 ··········· 32

제2장 ISO 9001 품질경영시스템을 구축한다
ISO 9001은 경영수단으로서 반사 이익을 얻는다 ·· 34
ISO 9001 도입의 사전조사를 한다 ················ 35
인증/등록 취득을 위한 추진체제를 만든다 ········ 36
추진을 위한 마스터플랜을 만든다 ················ 37
심사등록기관을 선정한다 ························· 38
ISO 관련 교육계획을 세우고 실시한다 ············ 39
인증/등록 취득 시 부문별 책임자의 역할 ·········· 40
시스템의 구축은 현황 파악에서부터 시작한다 ····· 41
시스템을 확립하고 문서화하여 실시, 유지한다 ···· 42
문서체계를 확립한다 ····························· 43
품질매뉴얼을 작성한다 ··························· 44
절차서를 작성한다 ······························· 45
품질경영시스템을 운용한다 ······················· 46
업무는 역량이 있는 적임자에게 할당한다 ········· 47
내부감사를 실시한다 ····························· 48

제 2편 : 환경경영시스템이란 무엇인가

제3장 ISO 14001 환경경영시스템을 이해한다
지구 차원으로 환경이 문제가 되고 있다 ·········· 50
환경경영시스템의 심사등록제도 ··················· 51
환경경영시스템이란 무엇인가 ····················· 52
전체를 ISO 14000 시리즈 규격이라고 한다 ······· 53
ISO 14001에 적합한 시스템을 만든다 ············ 54
ISO 14001은 PDCA에서 구성되고 있다 ··········· 55
ISO 14001의 적용 범위가 규정되어 있다 ········· 56
일반 요구사항은 시스템의 확립·개선을 나타낸다 ·· 57
환경방침은 환경활동의 방향성을 설정한다 ········ 58
활동·제품·서비스에 대해 환경적 측면을 규정한다·· 59
환경영향이 두드러진 환경적 측면을 규정한다 ······ 60
법적 및 그 외의 요구사항을 규정한다 ············· 61
환경목적·목표를 설정하고 실시계획을 세운다 ····· 62
경영진은 자원을 이용할 수 있도록 한다 ·········· 63
환경경영의 역할·책임·권한을 정한다 ············ 64

IV

민감한 환경적 측면 작업은 역량있는 사람이 실행한다 ····· 65
역량·자각을 위해 교육훈련을 한다 ················· 66
내부·외부와 커뮤니케이션한다················· 67
환경경영시스템에 필요한 문서류················· 68
환경경영시스템 문서를 관리한다················· 69
민감한 환경적 측면을 고려하여 운용, 관리한다 ····· 70
긴급사태 시 대응준비 절차를 확립한다 ··········· 71
환경영향의 운용 특성을 감시·측정한다 ············ 72
법적·기타 요구사항의 준수를 평가한다 ············ 73
부적합이란 요구사항을 만족시키지 못하는 것을 의미한다 ·· 74
부적합에 대해 시정조치·예방조치를 한다·········· 75
기록은 요구사항에 대한 적합성을 입증한다 ········ 76
환경경영시스템을 내부환경감사한다 ··············· 77
최고경영자는 기획관리를 실시한다 ················ 78
기획관리는 시스템을 개선한다 ··················· 79
조직은 지속적 개선을 지향한다 ··················· 80

제 3편 : 경영시스템 감사란 무엇인가

제4장 ISO 19011 경영시스템 감사를 이해한다
감사에는 이러한 종류가 있다 ················· 82
감사에는 5가지 원칙이 있다 ················· 83
내부감사는 적합성 검증을 목적으로 한다 ·········· 84
감사원·피감사자·감사의뢰자의 관계 ··············· 85
감사 프로그램을 책정한다 ················· 86
감사 프로그램을 실시한다 ················· 87
감사목적·범위·기준을 명확히 한다 ··············· 88
감사팀을 선정한다 ················· 89
현지감사 전에 문서 검토를 실행한다 ··············· 90
감사계획을 책정한다 ················· 91
1차 회의를 개최한다 ················· 92
정보수집에서 감사결론까지의 절차 ················ 93
감사기준에 기초해 적합성을 검증한다 ············· 94
샘플링에 의해 정보를 수집한다 ················· 95
체크리스트에 따라서 질문한다 ················· 96
질문은 세 가지 요소로 구성된다 ················ 97
감사원은 어떻게 질문하면 좋은가 ················ 98
감사소견을 작성한다 ················· 99
감사결론을 유도한다 ················· 100
최종회의를 개최한다 ················· 101
감사보고서를 작성한다 ················· 102
감사원은 시정조치에 어떻게 대응해야 하는가 ···· 103
시정조치는 적극 지원한다 ················· 104

제5장 ISO 14001 환경경영시스템의 내부환경 감사를 이해한다
내부환경감사란 어떤 것인가 ················· 106
내부환경감사시스템을 확립한다 ················· 107
내부환경감사팀을 편성한다 ················· 108
내부환경감사의 개별 실시계획을 세운다 ·········· 109
첫회의에서는 감사계획을 서로 확인한다 ·········· 110
감사원이 주도권을 가지고 정보를 수집한다 ······ 111
감사에는 문서감사와 현장감사가 있다 ············ 112
정보수집은 샘플링으로 실행한다 ················ 113
정보는 피감사자와의 면담을 통해 수집한다······ 114
피감사자를 상대로 하는 질문은 체크리스트에 따른다 ···· 115
질문의 방법에는 완결형과 발전형이 있다·········· 116
감사증거를 평가하고 감사소견을 작성한다 ······· 117
최종회의에서 피감사자에게 감사결론을 제시한다 ··118
내부환경감사보고서를 작성한다 ················· 119
내부환경감사의 부적합은 시정조치한다 ·········· 120

제 4편 : ISO 섹터 규격이란 무엇인가

제6장 ISO 9001에 기초한 안전관리심사를 이해한다
전기보안체제는 자주보안체제가 주가 된다 ········ 122
안전관리심사는 법정자주검사 체제를 심사한다 ···· 123
안전관리심사는 문서심사·현지심사·평가를 한다 ··124
시스템심사기준은 ISO 9001 규격에 준한다 ······ 125
품질경영시스템을 구축한다 ················· 126
집행책임자는 품질방침을 정하고 시스템을 수정한다 ···· 127
책임·권한을 명확히 하고 직원을 배치한다········ 128
심사기준에 적합한 품질매뉴얼을 작성한다 ········ 129
법정자주검사를 실시하기 위해 절차서를 작성한다 ····· 130
법정자주검사 시 심사기준이 되는 관련문서를 관리한다 ··131
법정자주검사에 사용하는 검사설비를 관리한다 ···· 132

찾아보기 ················· 133

감사란 무엇인가

- 감사 ─ Audit
❖ 감사란, 감사기준의 만족도를 판정하기 위한 것으로 감사증거를 수집하고, 이를 객관적으로 평가하기 위해 체계적, 독립적, 문서화된 프로세스를 말한다.

- 감사 프로그램 ─ Audit program
❖ 감사 프로그램이란, 특정 목적을 달성하기 위해 일정 기간 내 실행이 계획된 일련의 감사를 말한다.

- 감사기준 ─ Audit criteria
❖ 감사기준이란, 비교를 위한 자료로서 사용되는 일련의 방침, 순서 또는 요구사항을 말한다.

- 감사증거 ─ Audit evidence
❖ 감사증거란, 감사기준에 관련하여 검증 가능한 기록, 사실의 기술 또는 그 밖의 정보를 말한다.

- 감사소견 ─ Audit findings
❖ 감사소견이란, 수집된 감사증거를 감사기준에 맞도록 평가한 결과를 말한다.
  [참고] 감사소견에는 감사기준에 대한 적합과 부적합을 나타낼 수 있다.
         또한, 개선의 기회도 나타낼 수 있다.

- 감사결론 ─ Audit conclusion
❖ 감사결론이란, 감사목적과 모든 감사소견을 고려한 후 감사팀이 내린 감사의 결론을 말한다.

내부 감사(품질·환경)의 절차 [예]

• 제3편 참조 •

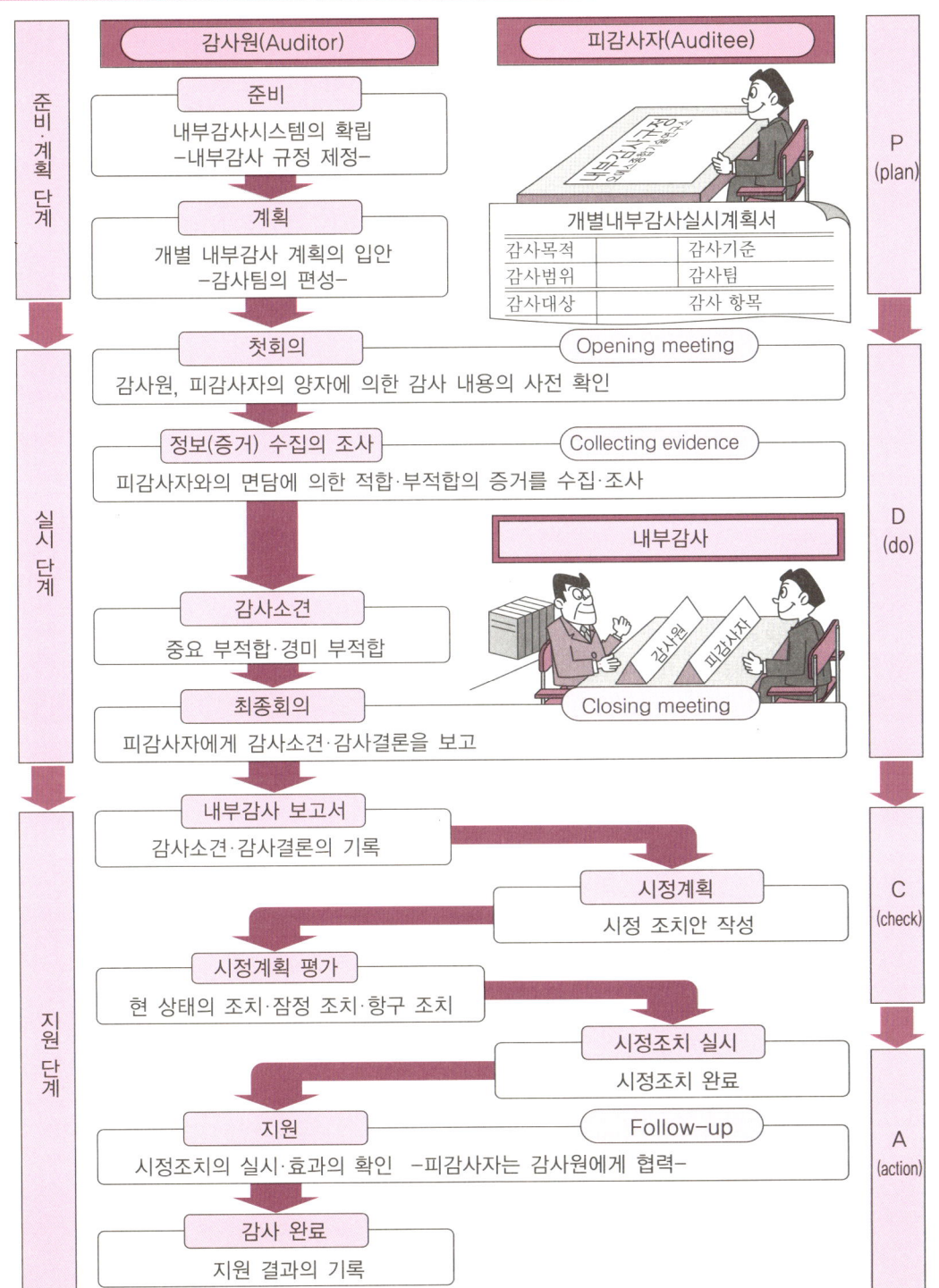

머리말

이 책은 '품질', '환경' 그리고 '감사'라는, 세 가지 ISO 관리시스템에 대해 전혀 생소하게 느끼는 사람도 쉽게 이해할 수 있도록 만든 'ISO 입문서'입니다.

이 책은 ISO를 처음으로 배우려고 하는 사람을 위해 관리 책임자(O부장)와 담당자(S군)의 '대화·질문 형식'의 '6컷 만화 기법'을 활용하여 '눈으로 확인하고 이해할 수 있도록' 지금까지 볼 수 없었던 기법을 특징으로 하고 있습니다.

(1) 품질 인증/등록의 심사 기준인 ISO 9001 : 2000 규격 품질경영시스템의 요구사항을 쉽게 설명하고 있다.
(2) 조직이 ISO 9001 규격에 기초해 품질경영시스템을 구축하는 절차를 그 노하우와 함께 설명하고 있다.
(3) 환경 인증/등록의 심사 기준인 ISO 14001 : 2004 규격의 환경경영시스템 요구사항에 대해 규격 체계에 따라 알기 쉽게 설명하고 있다.
(4) 품질·환경경영시스템 감사에 대해 ISO 19011 : 2002 규격에서 규정된 내용에 따라 자세하게 설명하고 있다.
(5) 조직이 구축한 환경경영시스템을 ISO 14001 : 2004 규격 감사 기준으로 한 내부환경감사에 대해 구체적으로 설명하고 있다.
(6) 섹터 규격의 예로서 전력업계의 사업용 전기 공작물의 법정자주검사 실시를 위한 품질경영시스템에 대한 안전관리심사를 설명하고 있다.

'품질', '환경', '감사'라는 ISO 전반에 대해 이해할 수 있도록 구성되어 있으므로

(1) 독학으로 ISO를 학습하려는 사람을 위한 독본(讀本)으로서,
(2) 조직 내의 ISO 교육용 텍스트로서,
(3) ISO 초보자의 설명 자료로서,

많은 사람들에게 활용된다면 더 이상 바랄 것이 없습니다.

이 책의 활용으로 품질과 환경의 경영시스템을 보다 효과적으로 구축하고 내부감사가 효율적으로 이루어져 지속적인 개선에 도움이 되기를 바랍니다.

오하마 쇼지

제1편 품질경영시스템이란 무엇인가

제1장

● ISO 9001 품질경영 시스템을 이해한다

이 장에서는 인증/등록을 취득하고자 하는 경우 우선 그 심사기준이 되는 ISO 9001 : 2000 규격(품질경영시스템-요구사항)에 기초한 품질경영시스템에 대해 이해해보자.
(1) ISO 9001 : 2000 규격 품질경영시스템의 요구사항을 규격 구성에 따라 만화(일러스트)로 쉽게 설명하고 있다.
(2) 품질경영시스템의 많은 요구사항에 대해 두 사람(관리 책임자 : O부장, 담당자 : S군)의 대화·질문 형식으로 설명하고, 6컷 만화로 정리하여 눈으로 확인하고 이해할 수 있도록 구성되어 있다.

◀제1편▶ 품질경영시스템이란 무엇인가

1. 조직은 품질경영시스템을 개발한다

S : 우리 회사도 ISO 9001 규격 품질경영시스템을 구축하고 인증/등록을 취득하기로 했는데, 어떻게 하면 좋을까요?
O : 우선 전 사원이 규격을 먼저 이해해야 하네.

S : 앞으로 무엇을 해야 하나요?
O : ISO 9001 규격 요구사항에 적합한 품질경영시스템을 확립하고 문서화하여 실행·유지하고, 유효성을 지속적으로 개선해야 하네.

S : 시스템의 실시는 어떻게 하면 좋을까요?
O : 품질경영시스템에 필요한 프로세스를 정하고 이와 관련된 운용 관리법을 정하면 되네.
S : 이것을 프로세스 어프로치라고 하는군요.

S : 문서화는 어느 정도의 수준이면 될까요?
O : 조직의 규모와 종류, 프로세스의 복잡성, 직원의 역량에 따른 규격으로 문서화가 필요한 순서, 조직이 프로세스의 운용관리에 필요하다고 판단한 문서 정도겠지.

S : 최고경영자는 고객 만족 향상을 최우선 목표로 삼는 것이 중요해요.
O : 고객이 무엇을 원하는가를 알아야 하네.
S : 변화하는 요구사항을 만족시키는 것이 중요하지요.

S : 최고경영자는 고객의 요구사항을 만족시키는 것이 중요하다는 것을 모두에게 전달해야 하는군요.
O : 그것과 함께 제품에 관련된 법령·규제의 요구사항을 만족시켜야만 한다는 점도 함께 전달해야 하네.

2 품질 매뉴얼은 프로세스의 상호 관계를 기록한다

S : 품질 매뉴얼 작성은 어떻게 시작하면 좋을까요?
O : 우선 ISO 9001 품질경영시스템의 요구사항이 무엇 인가를 이해해야 하네.
S : 보편적, 포괄적인 표현이 되어버리기 때문이군요.

S : 품질매뉴얼은 어떤 내용으로 이루어지나요?
O : 자기조직의 품질경영시스템의 적용 범위, 문서화된 순서 또는 그 참고 정보, 그리고 프로세스의 상호 관계 기술을 포함하는 것이 좋다네.

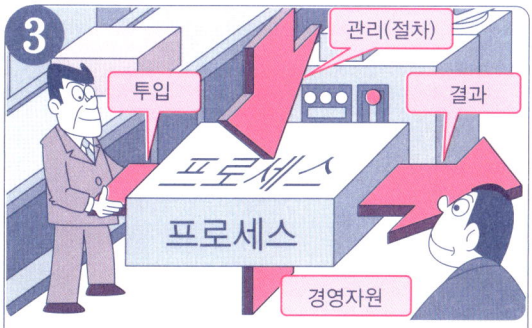

S : 우선 자기 조직의 요구사항에 대한 프로세스를 프로세스 접근으로 조사하는 일부터 시작해야 하는군요.
O : 그렇다네. 자기 조직에서는 일반적 요구사항을 구체적으로 어떤 절차로 실시하느냐가 중요하지.

S : 자기 조직에서는 요구사항에 대한 절차를 확립하고 품질매뉴얼에 인용하면 되는군요.
O : 품질매뉴얼을 먼저 작성한 다음 자기 조직의 절차를 문서화해 규정의 종류를 작성하니까 어려운 것이라네.

S : 절차의 근거를 품질매뉴얼 작성에 관한 시판 문헌에서 인용하는 경향이 있는데, 그렇게 하면 안되나요?
O : 그것은 어디까지나 다른 조직의 절차에 불과하지. 시판 문헌은 참고하는 것이지 인용하는 것이 아니라네.

S : 설계가 고객 요구에 없는 경우는 어떻게 하지요?
O : 품질매뉴얼의 적용 범위에 7.3항의 '설계·개발을 적용 제외'에 대해 그 근거와 함께 명확히 하면 ISO 9001에서 인정된다네.

◀ 제1편 ▶ 품질경영시스템이란 무엇인가

3 문서 관리 절차를 확립한다

S : ISO 9001 품질경영시스템에 필요한 문서 관리는 중요한가요?
O : 문서 관리의 문서화된 절차를 확립하는 것이라네.
S : 문서 관리 규정 등으로 정리하는 것이 좋겠네요.

S : 우선관리 문서는 발행하기 전에 그 문서가 적절한지에 대한 관점에서부터 확인하는 것이지요.
O : 작성된 관리 문서를 숙지하고 필요에 따라 수정했을 경우에도 다시 한번 확인해야 한다네.

S : 관리해야 할 자료는 현재 개정판인지 식별 가능하도록 할 필요가 있어요.
O : 최신판의 상태를 명확히 한 자료 등으로 관리하는 것이 좋다네. 자료는 전자 매체라도 상관없다네.

S : 해당 자료는 필요한 경우, 필요한 상황에서 이용할 수 있도록 하는 것이군요.
O : 폐기문서는 잘못 사용되지 않게 폐기하는 것이 좋아. 만약 보관한다면 쉽게 알 수 있도록 분류해야지.

S : 자료는 이해하기 쉬워야 해요.
O : 관리하는 자료는 다른 자료와 식별하고, 필수 사항은 아니지만 쉽게 검색할 수 있는 것이 좋지.
S : 자료를 찾는 시간만큼 아까운 것이 없으니까요.

S : 고객으로부터 도면, 사양서 등을 받았는데 관리해야겠지요?
O : 외부 자료임을 명확히 하고, 최신 자료로써 적절한 상황에 사용되도록 관리할 필요가 있다네.

4 품질기록은 적합·운용의 증거로 남긴다

S : 그런데 문서와 기록은 어떻게 다른가요?
O : 음, 기록은 결과를 나타내거나 또는 실시한 활동 증거를 제공하는 문서의 일종으로서, 기록에는 변경이 없지만 문서는 변경이 가능한 것이라네.

S : 품질경영시스템에 필요한 품질기록은 충분히 관리하지 않으면 안되는군요.
O : 품질기록의 식별, 보관, 검색, 보호, 보관기간 그리고 폐기를 위한 절차를 명확히 하고 문서화해야 하네.

S : 그렇다면 품질기록은 왜 관리해야 하나요?
O : 품질기록은 품질경영시스템의 요구사항에 따라 적절하고 효과적으로 운용되고 있다는 것을 증명하기 위해 관리해야 하네.

S : 품질경영시스템에 필요한 품질기록으로 관리해야만 하는 기록에는 어떤 것들이 있나요?
O : ISO 9001 규격 중 4.2.4 참조(기록의 관리)에 기록된 항목을 관리해야 하네.

S : 4.2.4 참조에 기록된 항목이라도 품질기록으로서 관리해도 되나요?
O : 지금까지의 기록을 멈출 이유는 없네. 오히려 심사할 때 제시하지 않는다면 불이익을 당할 수 있다네.

S : 그러면 품질기록은 어떻게 사용되나요?
O : 글쎄, 품질기록은 과거 이력으로서 실시를 검증할 경우나 예방조치, 시정조치를 위한 근거 자료로 사용되고 있다네.

5 경영진은 품질경영시스템 구축에 관여한다

S : ISO 9001에 기초한 품질경영시스템을 구축하려면 우선 무엇을 해야 하나요?
O : 경영진이 품질에 관한 조직의 전체적인 의도, 방향성을 정해 품질방침을 정해야 하네.

S : 품질방침을 조직의 모두에게 전달하고 이해시킨 후 실행하도록 하려면 어떻게 해야 하나요?
O : 품질방침을 기재한 방침 카드를 전원에게 휴대하도록 하거나 포스터를 이용하는 방법도 좋지.

S : 그다음 경영진은 어떻게 하면 되나요?
O : 음, 품질경영시스템의 실시 및 관리에 필요한 경영자원을 제공해야지.
S : 숙련된 인재, 자금, 시설이 해당되는군요.

S : 경영진은 관리책임자를 임명해야 하겠군요.
O : 관리책임자에게는 품질경영시스템을 실시 및 유지하도록 책임을 명확히 하고, 개선의 필요성을 인식하고 경영진에게 보고하도록 해야 하네.

S : 경영진은 품질에 영향을 주는 업무와 관련된 사람에게 책임과 권한을 명확히 해야 하는군요.
O : 특히, 현황의 품질문제를 명확히 해결함과 동시에 모든 불량발생의 예방을 주지시키는 것이 좋겠지.

S : 품질방침이나 품질목표를 만족시키기 위해서는 품질경영시스템을 적절히 이용하면 좋겠군요.
O : 그것이 바로 기획관리이고, 경영진이 당연히 해야만 하는 것이지.

제1장 ● ISO 9001 품질경영시스템을 이해한다

6 품질목표를 설정하고 품질계획을 세운다

S : 그러면 앞으로 어떻게 하면 되나요?
O : 경영진은 각 부문의 관리직에게 담당할 제품, 프로세스, 활동에 대해 품질목표를 문서화하도록 설정해야 하네.

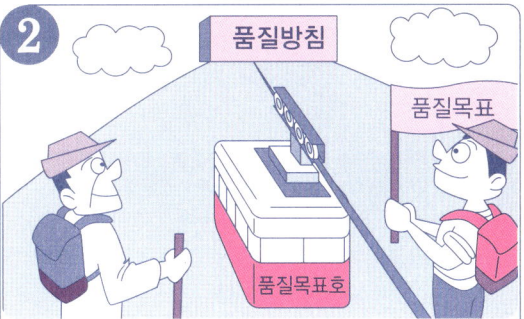

S : 그런데 품질목표란 어떤 것인지요?
O : 글쎄, 먼저 정한 품질방침의 틀에서 목표로 하는 품질에 대해 관련 부문 또는 계층에서 세부 사항을 설정하는 것이지.

S : 품질목표에서 유의할 사항은 어떤 것인지요?
O : 우선, 고객을 만족시킬 수 있도록 하고, 상도덕을 지키며, 끊임없이 진보하는 점을 부각시키면 좋겠네.
S : 그 달성도가 판별가능하다는 것이군요.

S : 품질목표는 전 사원이 이해하고 있어야 하는군요.
O : 그렇지. 신입사원, 파견근무사원, 파트타임직원, 임시직원을 포함해 모든 종업원이 품질목표를 달성할 필요가 있기 때문이지.

S : 그리고 품질목표와 시스템, 제품의 요구사항을 어떻게 만족시킬지에 대한 품질계획을 세워야 해요.
O : 품질계획은 다른 요구사항과 조율하고 조직의 계획 실행에 맞는 양식이라면 좋겠지.

S : 그런데 품질계획이란 무엇인가요?
O : 글쎄, 품질계획에는 제품 실현을 위한 구체적 활동 계획과 품질경영시스템 요구사항 적용에 관한 요구사항의 실시계획, 이 두 가지가 있지.

7 조직의 책임과 권한을 명확히 한다

S : 그런데 품질경영시스템에서 중요한 점이라면 무엇이 있을까요?
O : 요구사항에 대해 책임과 권한을 명확히 하는 것이라네.
S : 책임과 권한을 조직 구성원에게 주지시켜야겠군요.

S : 명확히 할 책임과 권한으로는 무엇이 있을까요?
O : 예를 들면 제품, 프로세스, 품질경영시스템에 대한 부적합 예방 활동을 시작하는 것이 누구의 책임과 권한으로 실행되는가도 중요하지.

S : 그리고 제품, 프로세스, 품질경영시스템에 대해 모든 문제를 명확히 하고 기록하는 일도 누구의 책임과 권한으로 이루어지는가도 마찬가지군요.
O : 다음은 누가 이들 해결책을 제시하고 마련하는 것이지.

S : 이들의 해결책 실행을 위한 검증은 누가 하나요?
O : 또한 제품 부적합, 불만족 상태가 시정될 때까지 부적합 제품을 후공정으로 진행, 인도하는 것을 관리하는 것을 누구의 책임과 권한으로 시행하는가도 그 중 하나지.

S : 요구사항, 그 중에서도 부적합에 대해 누구에게 책임과 권한이 있는가를 명확히 하는 것이 중요하겠네요.
O : ISO 9001의 목적인 고객 요구사항을 만족시킨다는 점에서 부적합 예방이 반드시 필요하지.

O : 부적합에 대한 책임과 권한을 명확히 하고 실시한다면 고객 요구사항을 만족시킬 수 있겠군요.
S : 인증/등록 취득제 조직에서 부적합, 고객 불만이 줄지 않는 것은 책임을 다하지 않기 때문이지.

8. 최고경영자는 기획관리를 한다

S : 경영진인 최고경영자에게는 어떤 책임이 있습니까?
O : 책임의 하나로 기획관리의 실시가 있지. 이는 스스로 시행한다는 것에 의의가 있다네.

S : 기획관리의 목적은 무엇인지요?
O : 품질경영시스템이 향후 적절·타당하고 효과적으로 시행되도록 기획하는 것이지.
S : 사전에 계획한 간격으로 정리하는군요.

S : 기획관리는 어떤 정보가 필요합니까?
O : 내부감사결과나 시정조치·예방조치의 상황, 제품품질, 고객불만 정보가 있으면 된다네.
S : 과거 결과에 대한 이력, 조치 등도 필요하겠네요.

S : 최고경영자는 기획에 의해 품질경영시스템과 프로세스가 개선되도록 하는군요.
O : 고객의 요구사항에 맞게 제품의 개선활동이 적절하게 지시되는 것도 중요하다고 할 수 있지.

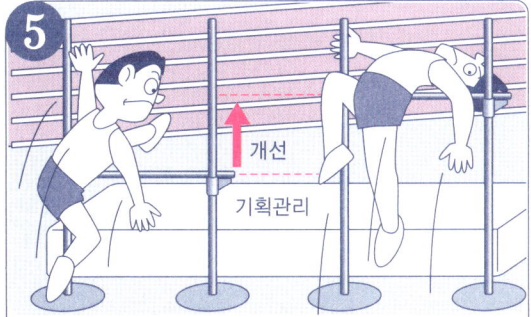

S : 기획관리에서는 품질방침이나 품질목표 등 품질경영시스템을 수정하고 개선할 것인가를 스스로 판단하여 결정하는 것이군요.
O : 경영자원의 필요성에 대해서도 재평가해야 하네.

S : 자기 조직의 품질경영시스템은 인증/등록 취득 시 구축된 상태가 아니라 운용 단계에서 수정하고 개선하며 발전시켜야 하는군요.
O : 기획관리 결과도 기록해야 한다네.

9 조직은 자원을 운용관리한다

- S : 조직 내 재무적 자원을 관리하는 것도 중요하군요.
- O : 품질경영시스템의 유효성과 효율은 재무적 관점에서도 검증하는 것이 중요하다네.
- S : 재무내용은 경영진에게 항상 보고해야겠군요.

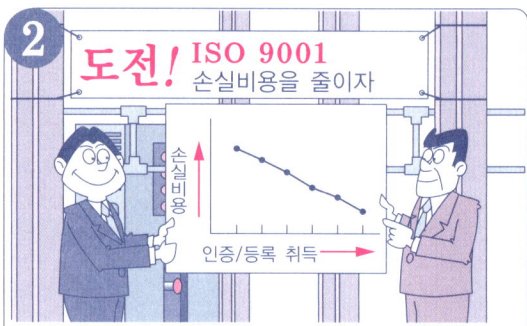

- O : 경영 수단으로서 품질경영시스템 구축에 집중하는 것은 재무적 측면에서 품질비용, 특히 손실비용의 감소로 인해 이익이 발생한다고 할 수 있지.
- S : 고객의 불만방지를 먼저 생각하면 고객 만족이 가능하지.

- S : 그렇다면 경영토대를 구축하기 위한 기반이 확실히 되어 있으면 좋겠군요.
- O : 제품실현에는 건물, 작업 장소, 설비 및 운송·통신 등의 인프라 구축(기반 구축)이 꼭 필요하지.

- S : 제품의 품질보증에는 작업환경도 중요하군요.
- O : 그렇다네. 작업환경으로는 인적 측면과 물리적 측면이 있는데, 서비스 산업에서는 전자가, 프로세스 산업에서는 후자가 특히 중요하다고 할 수 있지.

- S : 한사람 한사람의 역량, 인식의 인적 측면으로는 어떠한 것이 있을까요.
- O : 목표에 대한 인식과 그것이 품질에 어떠한 영향을 미치는가 하는 이해도 중요하지.
- S : 달성에 대한 정당한 평가와 보상도 필요하겠군요.

- S : 프로세스의 균일화로서 중요한 물리적 측면으로는 어떠한 것이 있을까요?
- O : 제품의 품질에 악영향을 미치는 열, 빛, 위생, 온도, 습도, 청정도 등의 한계치를 규정하는 것이라네.
- S : 환경경영시스템도 관련이 깊군요.

10 인적자원을 확보하고 교육훈련시킨다

S : 작업환경, 기반 확충의 다른 요소는 어떠한 것이 있나요?
O : 우선, 목표에 필요한 인적자원을 준비해야 한다네.
S : 조직 효율은 의사전달에 좌우되기 때문에 직원의 효율적인 인사이동이 가능하도록 해야지요.

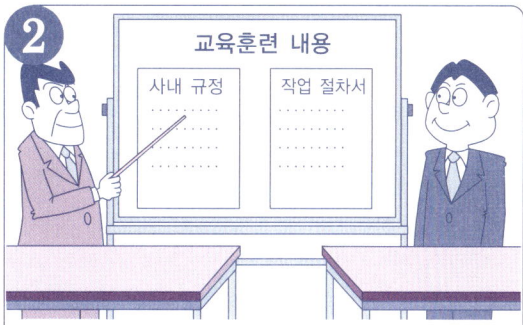

S : 직원의 교육훈련 필요성을 확인해야겠군요.
O : 일상적 업무를 적절하게 실행하기 위한 교육훈련은 전체 직원을 대상으로 실시해야 하네.
S : 사내규칙, 작업지시서의 최신 지식교육도 같이요.

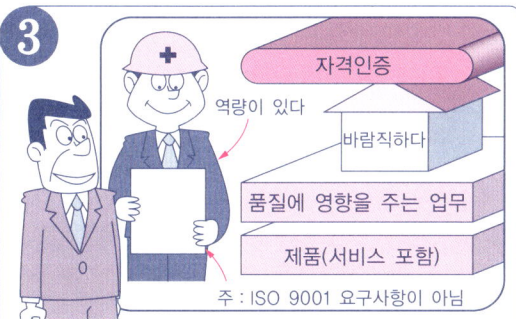

S : 품질에 직접적 영향을 주는 업무를 실행하는 직원은 충분한 교육, 훈련, 기능, 경험이 있어야겠군요.
O : 필수사항은 아니지만 필요하다면 직원역량의 적합성을 확인하고 자격인증을 하는 것이 좋겠지.

S : 직원이 업무에 필요한 역량을 가질 수 있도록 교육훈련하기 위한 순서를 정해두면 좋겠군요.
O : 공급자가 책임지고 작업에 필요한 지식과 기능을 습득할 수 있는 기초를 제공하는 것도 좋은 방법이지.

S : 교육훈련 계획을 만들어야겠군요.
O : 일련의 계획이 필요에 따라 규제, 조직 요건에 맞는 지를 검증함과 동시에 교육받은 내용의 유효성을 평가하고 기록하는 것이 필요하지.

S : 전 직원이 자기 업무의 중요성과 품질목표 달성에 스스로 어떻게 공헌할 수 있는지를 인식해야겠군요.
O : 품질개선 목표를 달성하면 포상하거나 업무개선 제안을 장려하여 개선 의지를 고양하면 좋을 것일세.

11 조직은 필요한 시설·작업환경을 제공하고 유지한다

S : 품질경영시스템의 프로세스를 실시하고 개선하여 고객만족 향상을 하려면 인적자원 이외에 어떤 경영자원이 필요합니까?
O : 이를 위한 준비 작업, 즉 기반을 마련하는 것이네.

S : 기반 확충은 어떤 것들일까요?
O : 우선 작업하는 장소가 없으면 일을 할 수 없겠지.
S : 공장, 사무실 이외에 제품을 고객에게 제공하는 점포, 보관하는 장소 등 관련 시설도 필요하구요.

S : 프로세스 실시에 필요한 설비도 갖추어야 하는군요.
O : 설비 이외에 컴퓨터 등의 소프트웨어도 제품의 적합 달성에 필요하다고 할 수 있지.
S : 또한, 설비 안전 등의 지원 서비스도 필요하겠지요.

S : 적합한 제품을 제조하려면 공정에서의 작업환경도 완벽하게 운영·관리하지 않으면 안되겠군요.
O : 공장, 사무실 등의 작업장과 관련 시설의 입지조건, 기후조건으로 실행을 변경할 필요가 있기 때문이지.

S : 작업환경은 인적 요인과 물리적 요인이 있지요?
O : 시설 내의 온도, 습도, 먼지, 냄새, 진동, 조명 등은 건강 안전면에서도 중요한 관리 대상이지.
S : 정리, 정돈 등 5S를 철저히 해야겠네요.

S : 일반적으로 대부분 조직은 제조공정에 필요한 시설, 지원, 작업 환경이 마련되어있는 것 같아요.
O : 일상업무 등을 통해 하자없는 제품제조에 무엇이 필요한지 다시 한번 점검해 보아야 한다네.

12 제조 프로세스를 계획한다

S : 필요시설이나 작업환경을 정돈하고 제품을 완성시키기 위해서는 어떻게 하나요?
O : 우리회사에서는 여러 가지 제품을 취급하고 있기 때문에 제품마다 제각각의 공정계획을 세우지.

S : 제품에 따라 완성품 프로세스가 제각각 다르군요.
O : 그렇기 때문에 제품마다 필요로 하는 프로세스, 서브 프로세스를 지정하고 프로세스 간의 연결을 명확히 하는 독창적 절차화가 필요하다네.

S : 제조에 필요한 구체적인 프로세스라고 한다면?
O : 예를 들면, 고객 관련 프로세스, 설계·개발 프로세스, 구매 프로세스, 제조 및 서비스 제공 프로세스, 감시·측정기기 프로세스 등을 말한다네.

S : 그렇다면 제품 실현 프로세스 계획에는 어떤 것을 정해 두어야 하나요?
O : 그 제품의 품질목표, 제품 요구사항이나 그 프로세스의 확립, 이를 문서화할 필요성 정도일 걸세.

S : 그리고 나서 그 제품을 위한 경영자원·시설·지원의 필요성이나 검증, 타당성 확인, 감시·검사·적합판정 기준·관리기록 기준도 정해야 하겠지요.
O : 이것들은 제조회사의 특성과 제품에 따르는 것이라네.

S : 특정 제품, 프로젝트 또는 계약에 대해 어떻게 품질경영시스템의 프로세스가 운용되는가를 기록하는 것들을 무엇이라고 하나요?
O : 음, 품질계획서라고 작성하여 관리하면 적당하지.

13 고객 요구사항을 만족시키는 조직 능력을 확인한다

S : 그런데 제품이 고객의 요구사항을 만족시키는 것을 보증하려면 어떻게 하면 좋을까요?
O : 제품품질에 영향을 주는 프로세스를 지정하고 관리하면 좋지.

S : 그렇다면 수주에서 인도까지의 프로세스를 어떻게 관리하면 좋을까요?
O : 우선 고객의 요구사항, 니즈, 기대를 명확히 하기 위한 프로세스를 정하는 것부터 시작하는 거라네.

O : 고객 요구사항의 내용은 제품에 반영하고, 서비스 제공 약속을 고객에게 하기 전에 먼저 확인하는 것이라네.
S : 계약 또는 주문 승인 전에 확인하는 것이군요.
S : 고객 요구사항을 명확하게 문서화하면 좋지.

S : 주문을 구두로 받는 경우는 어떻게 하나요?
O : 요구사항 명세서가 없는 경우에는 상담 중에 확인해야 하겠지.
S : 그러한 상담 내용을 문서화 해두면 좋겠네요.

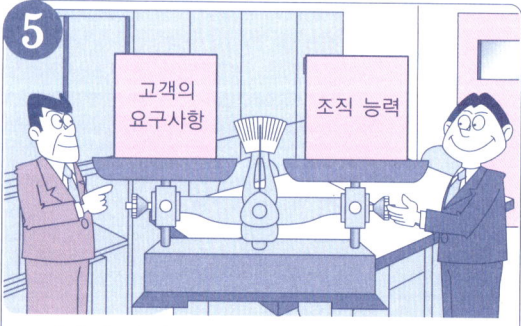

S : 제품 제공을 약속할 경우에는 요구를 만족시킬 능력이 조직 내에 있는지를 확실하게 사실확인할 필요가 있군요.
O : 요구사항이 변경될 경우도 대비하여 조직 능력을 확인해야지.

S : 고객의 요구사항에 대응하려면 고객과 효과적인 커뮤니케이션을 할 필요가 있겠네요.
O : 제품·서비스 정보, 변경을 포함한 조회·주문처리 정보, 고객 불만 등의 정보전달이 중요하다네.

14 설계·개발은 계획하고 입출력은 명확히 한다

S : 제품의 요구사항을 확인하여 고객에게 제품의 제공을 약속하면 조직은 무엇을 해야 하나요?
O : 고객의 기대를 만족하는 제품의 설계·개발 프로세스를 개발하여 관리해야겠지.

S : 이 설계·개발 프로세스는 모든 제품에 적용되는군요.
O : 그렇다네. 제품으로는 하드웨어, 소프트웨어, 가공물질, 서비스가 있지.

S : 설계·개발 계획을 만드시는군요.
O : 설계·개발의 기획, 설계·개발의 검증, 설계·개발의 타당성 확인 업무와 그에 따른 책임·권한을 정하는 계획을 세우면 좋지.

S : 계획은 설계·개발의 규모·복잡도에 따라, 설계·개발의 진척 상황에 따라 갱신하는군요.
O : 설계·개발 업무는 교육훈련되어 있거나 경험있는 적임자에게 맡기는 것이 좋겠지.

S : 제품 요구사항과 관련된 입력사항은 명확히 하고 기록해 둘 필요가 있군요.
O : 입력사항에는 고객 사양, 계약 요구사항, 법적 요구사항, 규격 이외의 조직규격과 조직사양 등이 있지.

S : 설계·개발의 출력사항 양식은 우리가 결정하는군요.
O : 출력사항은 설계·개발의 입력사항을 만족시키고 적합판정기준을 포함한다네.
S : 안전과 적합성을 명확히 하기 위해서군요.

15 | 설계·개발 프로세스의 검토, 검증한다

S : 설계·개발의 출력사항은 다음 단계로 나아가기 전 확인하고 승인한 후 어떻게 하면 되나요?
O : 설계·개발의 목적에 적합한가를 사전에 검토, 검증하고 타당성을 확인할 필요가 있다네.

S : 설계·개발의 검토는 디자인 검토군요.
O : 적절한 단계에서 설계·개발의 프로세스는 계획한대로 체계적인 검토를 통해 기록하는 것이라네.
S : 참가자는 검토한 설계·개발 관련 대표자 격이군요.

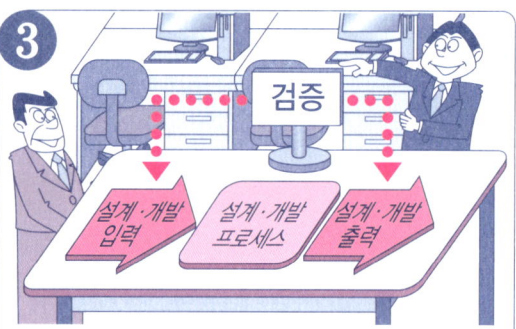

S : 설계·개발의 검증이라고 하면 어떻게 되나요?
O : 이것은 설계·개발 출력이 입력 요구사항을 만족시키는 것을 확실히 하기 위해 하는 것이라네.
S : 유사 설계, 별도 방법에 의한 계산과의 비교가 있지요.

S : 설계·개발의 타당성 확인이라면 어떻게 하나요?
O : 최종 제품이 고객이 요구한 용도 또는 의도된 용도를 만족하는지 확인하는 작업이라네.
S : 제품을 인도, 납품하기 전에 하는 것이군요.

S : 예를 들면, 엔지니어링 설계의 경우 건설이나 설계에 앞서 타당성을 먼저 확인해야 하는 이치네요.
O : 이 경우는 모델링이나 시뮬레이션에 의한 검토도 적당하고, 이해관계자를 포함한 광의적 검토가 좋지.

S : 설계·개발의 변경관리는 어떻게 하나요?
O : 변경을 명확히 하고, 검토, 검증, 타당성 확인을 적절하게 수행하고, 실시 전에 승인하고 기록해두어야 하지.
S : 납품이 끝나더라도 제품의 영향평가가 필요하겠군요.

16 조직은 공급자를 평가하고 선정한다

- S : 구매하고자 하는 사항에 적합하도록 관리하는 것이군요.
- O : 회사는 공급자와 상호의 능력을 극대화하기 위해 원만한 관계를 수립하고 함께 이익을 얻고자 하는 노력이 중요하다네.

- S : 공급자와 어떤 관계를 유지하는 것이 좋을까요?
- O : 안정된 공급이 되도록 협력 관계가 중요하다네.
- S : 그렇다면 서로의 전달 경로를 통해 문제의 조기해결을 위한 노력과 협조가 필요하겠군요.

- S : 그렇다면 어떻게 관리하면 좋을까요?
- O : 공급자, 구매 제품관리는 자기 조직의 제품구매프로세스와 제품에 미칠 영향을 고려해야 하네.
- S : 우선 영향이 큰 공급자와 구매 제품을 미리 생각해 두어야겠군요.

- S : 안정된 품질과 공급을 얻기 위해서는 항상 공급자를 평가하고 관리할 필요가 있겠네요.
- O : 장기계약에 따라 공급자는 업무를 효과적으로 실시할 수 있고, 최소 비용과 최적의 인도조건을 확보할 수 있기 때문이지.

- S : 공급자의 평가와 선정은 어떻게 하면 좋을까요?
- O : 공급자를 통한 구매제품의 품질, 가격, 인도일정, 문제 대응에 대한 이력, 일정 내 납기능력, 공급자의 감사보고서, 재무상태 등을 평가하면 되겠지.

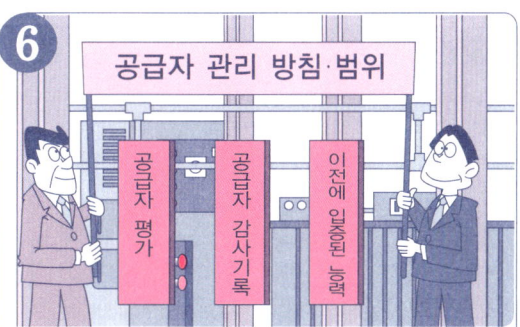

- S : 공급자의 관리방침이나 범위는 어떻게 설정하나요?
- O : 글쎄, 공급자 평가, 공급자 감사기록, 이전에 실증된 능력 검증에 따라 결정하면 되겠지.
- S : 이것에 의해 납품검사가 더욱 수월해지면 좋겠네요.

17 조직은 공급자에게 구매정보를 제공한다

S : 공급자에게 구매제품을 주문할 경우에는 어떻게 하나요?
O : 우선 발주예정 제품에 관한 정보를 명확히 하고 구매정보를 공급자에게 제공해야 하겠지.

S : 주문서에는 어떠한 정보가 포함되나요?
O : 필요하다면 제품, 절차, 제조 프로세스, 설비 승인, 직원의 적격성 확인 등을 포함하면 좋겠지.
S : 구매신청 제품에 관한 정보를 명확히 하는군요.

S : 구매예정 제품에는 어떤 정보가 포함되어야 합니까?
O : 글쎄…, 형식, 종류, 등급이나 사양서, 도면, 검사지시서의 제목·적용 방식 정도가 되겠지.
S : 구매 정보가 타당한지에 대한 확인이군요.

S : 조직은 공급자에게서 구매제품의 검증에 필요한 검수 등의 절차를 확인하고 실시하는 것이군요.
O : 검증이란 객관적 증거를 제시함으로써 규정 요구사항에 만족하는지를 확인하는 거라네.

S : 검증방법은 구매제품의 종류와는 다르지요?
O : 글쎄, 단순 확인 작업만으로 공급받는 표준 부품에서부터 조직이 수령증상에서 검증하는 것과 공급자의 프로세스 내에서의 타당성 확인까지 망라되어 있지.

S : 공급자 처에서의 검증은 어떻게 이루어지나요?
O : 필요로 하는 검증요령, 제품의 출하 허가방법을 구매정보에서 명확히 하면 좋겠지.
S : 고객의 검증은 조직의 책임에 면제가 없군요.

18 제품의 제조·서비스 제공을 관리한다

S : 제품의 제조·서비스를 제공하려면 어떻게 해야 하나요?
O : 체계적인 계획과 관리가 필요하지.
S : 어떤 사항을 관리하면 되나요?

O : 대상 제품 각각에 대해 제품 특성을 명확히 알 수 있는 정보를 이용하고자 하는 것이라네.
S : 제품 특성의 정보에는 어떤 것들이 있나요?
O : 글쎄, 제품사양서나 도면 정도겠지.

O : 제품 요구사항이 꼼꼼히 기재된 작업지시서를 작성하여 작업자가 쉽게 이해할 수 있도록 해야 한다네.
S : 지시서가 없어도 작업절차대로 시행된다면 반드시 작업지시서가 필요없어도 되겠네요.

O : 제품의 제조·서비스 제공에 필요한 설비를 사용할 수 있도록 해두어야 하네.
S : 당연히 제조공정에 반드시 필요한 설비는 평소에 잘 관리해두어야지요.

O : 제조·서비스 제공이 제품 요구사항에 적합한지 항상 관리해야 한다네.
S : 측정기기나 감시기기를 이용할 수 있고, 특히 측정기기는 교정된 상태에서 이용할 수 있도록 해야 하겠군요.

O : 제품 제조프로세스를 규정대로 무리없이 연계 실행해야 한다네.
S : 고객에게 전달한 후에도 부가 서비스 등이 적용된다면 이 프로세스도 실시해야 하는군요.

19 검증 불가능한 프로세스는 그 타당성을 확인한다

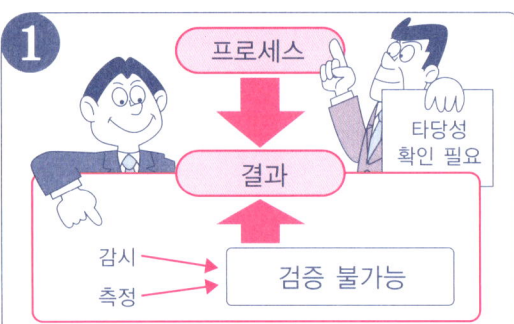

S : 제품의 제조, 서비스를 제공함에 있어서 그 결과를 나중에 감시 또는 측정에 의해 검증할 수 없는 경우도 있는데, 이러한 경우에는 어떻게 하면 되나요?
O : 해당하는 프로세스의 타당성을 먼저 확인을 해야겠지.

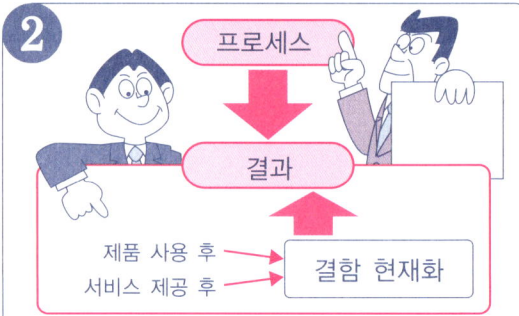

O : 타당성 확인작업은 실제 제품이 사용되고 나서 또는 서비스 제공 후에서야 그 결함을 알 수 있는 프로세스도 포함하면 좋겠지.
S : 특수공정도 이러한 프로세스의 하나겠군요.

S : 그렇군요, 빵을 굽는 프로세스가 좋은지 어떤지는 빵을 먹어보지 않으면 알 수 없으니까요.
O : 호텔 프런트나 비행기 승무원의 서비스 또한 제공되고 나서 좋고 나쁨을 알 수 있지 않나.

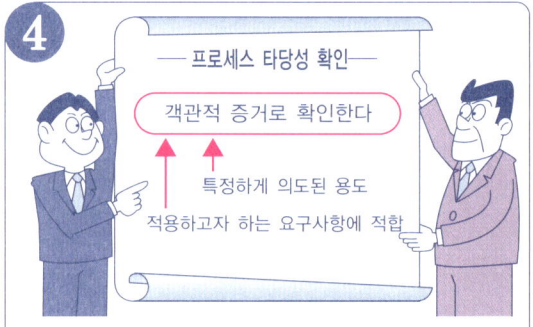

S : 그런데 타당성 확인이란 무엇인가요?
O : 글쎄, 객관적 증거를 제시함에 따라 의도된 용도나 요구사항이 반영되고 있는가를 확인하는 것이라고 할 수 있지.

S : 타당성 확인으로 이러한 프로세스가 계획한대로 결과가 나오는 것은 어떻게 실증하지요?
O : 프로세스의 리뷰나 승인을 위한 기준을 명확히 하여 사용하고자 하는 설비를 승인하면 되지.

S : 프로세스의 담당자에게 역량이 있는가 또는 교육이나 경험에서 적격성을 확인하는 것도 필요하겠군요.
O : 이러한 기록을 관리하고 구체적으로 어떻게 해야 하는지 그 절차를 정해두어야 하겠지.

20 | 제품을 식별하고 추적성(traceability)을 관리한다

S : 제조 공정에 있어서 제품을 혼동하지 않으려면 어떻게 해야 할까요?
O : 글쎄, 프로세스 전체를 통해 적절한 수단으로 제품을 식별해야겠지.

S : 그렇다면 어떻게 식별하지요?
O : 예를 들면, 제품의 기종기호, 부품기호, 주문번호, 제조번호, 로트번호 등이 있겠지.
S : 제품에 이름을 붙여두는 것이군요.

S : 그런데 추적성(traceability)이란 무엇이지요?
O : 제품의 이력, 적용 또는 소재를 추적할 수 있도록 재료·부품의 출처, 처리이력, 출하 후 배송처·주소 등의 추적관리를 말하네.

S : 제품의 과거 이력을 관리하는 것이군요.
O : 추적성(과거 이력)이 필수사항인 경우, 즉 법규나 거래 계약에서 요구하거나 조직 스스로 요구사항으로 규정하고 있는 경우에 실행되지.

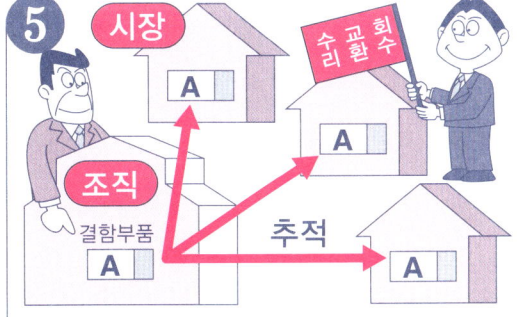

S : 추적성(과거이력)은 어떠한 경우 필요한가요?
O : 예를 들면 결함문제를 후 공정이나 판매 후 인지한 경우 또는 수리, 교환, 회수해야 할 반제품이나 제품을 확정한 경우겠지.

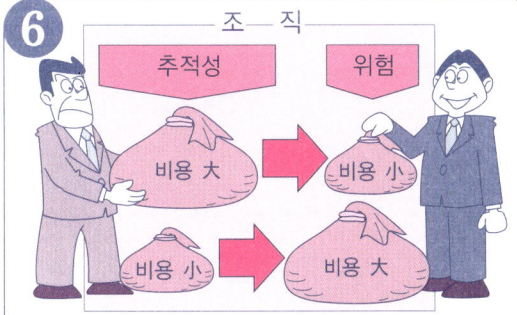

S : 추적성은 어디까지 실행하면 좋을까요?
O : 조직 내에서 결정할 일이라네. 이력관리에 비용을 투자하면 제품하자에 대한 위험 부담이 줄어 수익률을 높이는 결과를 가져올 수도 있다네.

21 고객재산을 식별·검증·보호한다

S : 고객재산관리는 어떻게 해야 하나요?
O : 납품예정 제품에 사용하기 위해 고객이 제조사에게 지급하는 것도 그 중 하나지.

S : 고객재산에는 구체적으로 어떠한 것이 있을까요?
O : 예를 들면, 세탁소의 세탁물, 운송업자의 화물 등은 고객재산이라 할 수 있지.
S : 고객재산에는 지적 소유권도 포함되겠군요.

S : 우리 회사에서는 납품 제품에 사용하는 고객들로부터 지급받은 반제품, 부품, 재료 등이 해당되네요.
O : 우리 회사는 모회사가 주 거래처이기에 각종 기구, 검사 설비, 제조 설비도 고객재산이라 할 수 있지.

S : 고객재산은 특히 주의해야 하는데, 어떻게 관리하면 좋을까요?
O : 고객재산임을 쉽게 식별할 수 있도록 해두고, 손상되거나 분실되지 않도록 해야겠지.

S : 만일, 고객재산을 손상 또는 분실하거나 사용하지 못하게 될 경우에는 어떻게 하나요?
O : 먼저 고객에게 이 사실을 정확히 통보해야 하네.

S : 고객에게 통보하기만 하면 되나요?
O : 우리 회사에서는 나중에 누구나 알 수 있도록 그 내용을 정확히 기록으로 남겨둔다네.
S : 그 기록을 품질기록으로 관리하는 것이군요.

22 제품은 최적의 상태로 보관한다

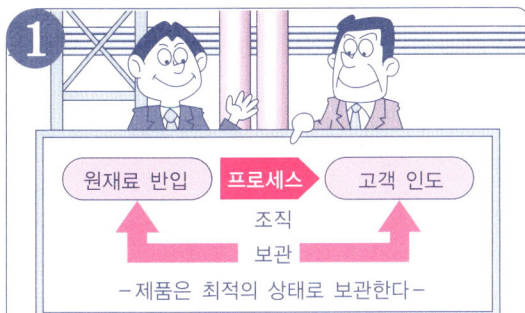

- S : 제조·서비스 제공에 있어서 원재료 관리자부터 완제품이 인도될 때까지의 프로세스는 어떻게 관리하나요?
- O : 제품뿐만 아니라 구성 부품까지 고객의 요구사항에 따라 최적의 상태로 보관해야겠지.

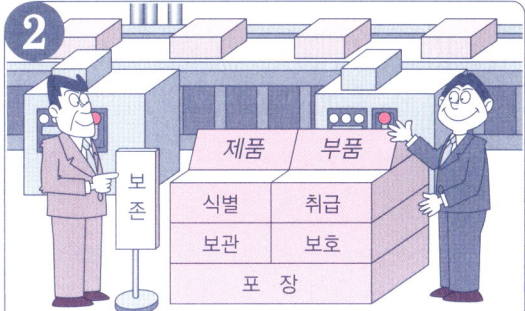

- S : 우리 회사의 경우 어떻게 하면 제품을 최적의 상태로 보존, 관리할 수 있나요?
- O : 제품 보존이란 식별, 취급, 포장, 보관, 보호에 대한 관리절차를 정하는 것이라네.

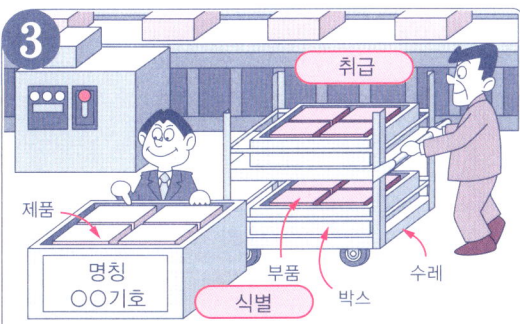

- S : 우선 원재료, 부품, 반제품, 최종 제품에 명칭이나 기호 등을 붙이고 식별하는 것이군요.
- O : 그런 다음 이것들을 손상되거나 노화되지 않도록 절차를 정하는 것이지.

- S : 먼저 원재료, 부품, 제품의 손상, 노화를 방지하기 위한 보관 장소를 정해야겠군요.
- O : 입출고도 관리하면 좋겠지.
- S : 정기적으로 재고 파악과 노후화 검사가 좋겠네요.

- S : 그런 다음, 사용 재료뿐만 아니라 포장 등 이곳의 표시 방법을 정하여 관리하는 것이군요.
- O : 고객이 원하는 포장 사양 등이 있다면 그것에 기초하여 실시해야겠지.

- S : 최종 제품은 검사 종료 후 고객에게 인도되기까지 손상이나 노화되지 않도록 보호해야겠군요.
- O : 제품을 고객에게 인도하기 위한 운송에는 컨테이너 등 세밀한 보호장비가 필요하겠지.

23 | 검사기기, 측정기기는 관리·사용한다

S : 제품이 요구사항에 적합한 지를 검사, 측정하는 세심한 실시 프로세스 확립이 중요하군요.
O : 필요한 검사기기와 측정기기의 결정도 중요하다네.

S : 모든 검사기기와 측정기기를 관리하는 것인가요?
O : 특히 측정값의 정확성이 확인되지 않은 경우 그 측정기기는 특별관리 대상이 되겠지.
S : 예를 들면 상거래 등에 사용하는 경우처럼요.

S : 대상이 된 측정기기는 어떻게 관리하나요?
O : 우선 국제 또는 국가 계량표준에 준하는 계량표준에 맞추어 교정 또는 검증하는 것이라네.
S : 교정, 검증은 정해진 간격이나 사용 전에 실시하는 것이군요.

S : 교정·검증 기준에 맞지 않는다면 조정해야겠네요.
O : 또한 정기교정 작업에 맞지 않는다면 재 조정해야겠지.
S : 교정 상태가 명확하도록 식별하기 위해서군요.
O : 교정, 검증 결과는 기록해 두는 것이 좋겠지.

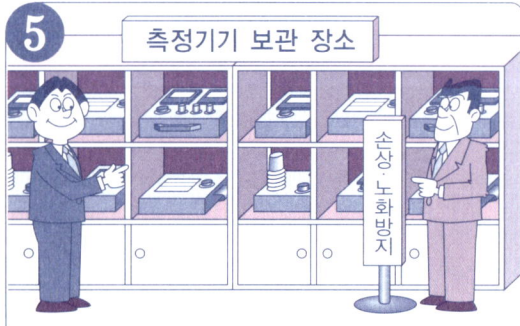

S : 교정 상태가 고장나지 않도록 측정기기의 다이얼 등은 봉인하고 움직이지 않도록 해야겠네요.
O : 측정기기의 취급, 보수, 보관 시에는 손상, 노화되지 않도록 보호해야겠지.

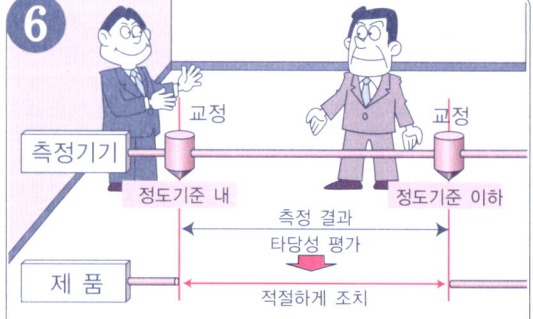

S : 만약 교정, 검증해서 측정기기가 요구사항에 적합하지 않다면 그 측정기기로 한 지금까지의 측정결과의 타당성을 평가, 기록해야겠군요.
O : 그 기기 및 영향을 받은 제품도 조치해야겠지.

24 고객 만족의 정보 입수·사용 방법을 결정한다

S : 검사 및 측정 프로세스를 계획하고 싶은데 어디부터 시작하면 좋을까요?
O : 품질경영시스템 결과를 포함하여 실제 상황 측정의 하나로서 고객 만족을 위한 검사를 말하는군.

S : 고객 만족이라면 어떤 것인가요?
O : 음, 고객 만족이란 고객의 요구사항이 만족되는 정도에 관한 고객 만족도를 말한다네.
S : 고객을 위한 고객 만족의 향상을 목표로 하는군요.

S : 고객 만족의 정보를 조사하여 입수하는 방법을 정해야겠군요. 어떻게 하나요?
O : 불특정 다수인 경우는 앙케이트 조사 등이 좋겠지. 현장에서 만족 정도의 정보를 얻을 수 있으니까 말이야.

S : 특정 고객이라면 앙케이트에도 선뜻 답해주겠지요.
O : 특정 고객의 경우 고객 요구사항이 고객과 합의되어 만족되는 경우라도 이것이 반드시 고객 만족으로 평가된다고는 할 수 없지.

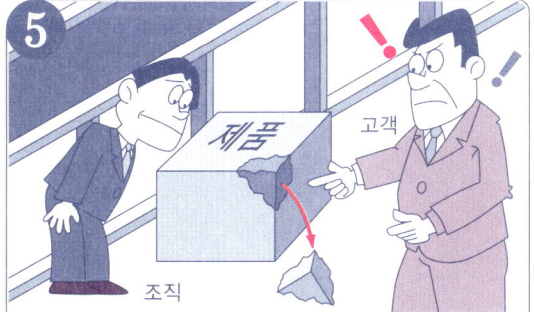

S : 그렇다면 특정 고객인 경우는 어떻게 합니까?
O : 고객 불만은 고객 만족도가 낮은 일반적 지표에 불과하고 특정 고객은 불만, 불평 정보를 받기 쉽기 때문에 이를 조사하는 것도 한 방법이겠지.

S : 고객 불만정보라면 입수 방법이나 정보의 사용 방법 모두 프로세스를 정해 실시하겠지요?
O : 불특정 다수의 고객에서는 불만이 없다는 것이 반드시 만족도가 높다는 것이 아니므로 주의해야 하네.

◀제1편▶ 품질경영시스템이란 무엇인가

25 내부감사 프로그램을 작성하여 실시한다

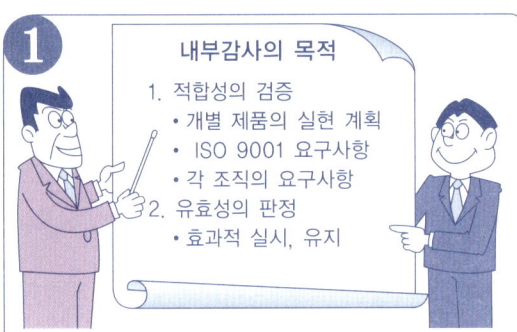

S : 내부감사는 어떤 목적으로 하나요?
O : 품질경영시스템이 개별 제품의 실현 계획, ISO 9001 규격의 요구사항, 각 조직이 정한 요구사항에 적합한지를 명확히 하기 위해서라네.

O : 그런 다음 품질경영시스템이 효과적으로 실시, 유지되고 있는지에 대한 유효성을 판정하는군요.
S : 감사계획이나 실시, 결과 보고, 기록 유지에 대해 문서화된 절차로 규정하는 것이라네.

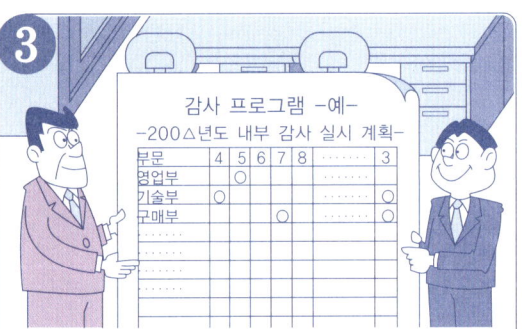

S : 감사 프로그램은 어떻게 정하나요?
O : 감사 대상의 프로세스나 영역 상태, 그 중요성과 현재까지의 감사 결과를 고려하여 정해야지.
S : 감사의 기준, 범위, 빈도, 방법도 규정하는군요.

S : 그 적격성을 확인하고 이에 대한 역량도 필요하겠지요.
O : 감사원 선정이나 감사실시에서는 감사 프로세스의 객관성이나 공평성을 확보해야 하네.
S : 감사원은 스스로의 일은 감사하지 않는군요.

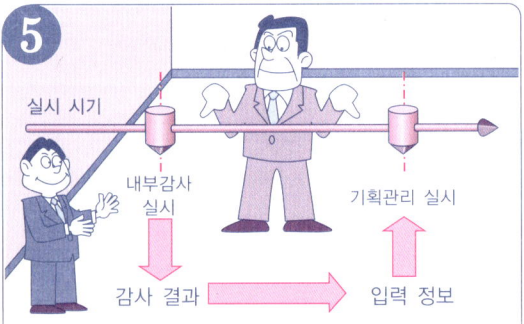

S : 내부감사는 언제 실시합니까?
O : 미리 정해둔 간격으로 실시하고, 내부감사 결과를 기획관리의 입력사항으로 할 때에는 그 전에 실시하는 것이 좋지.

S : 피감사측 관리자는 부적합한 상황수정과 그 원인을 제거하는 조치를 하는군요.
O : 감사원은 취한 조치에 대한 검증과 그 검증 결과에 대한 보고 절차까지 지원해야 하네.

26 | 프로세스를 감시·측정하고 적절히 수정한다

S : 그런데 프로세스란 무엇인가요?
O : 프로세스란 입력(input)을 출력(output)으로 변환하는데 서로 관련되거나 함께 작용하는 일련의 활동을 잘 관리된 조건에서 계획하고 실행하는 것이라네.

S : 프로세스 감시 및 측정에는 각 프로세스의 입력, 활동, 출력이 중요하겠군요.
O : 프로세스가 계획대로 목표를 달성하는 능력이 있다는 것을 입증하기 위해 이루어지는 것이지.

S : 프로세스에는 실제로 제품을 만들어내는 업무 활동으로서의 제품실현 프로세스가 있어요.
O : 또한 ISO 9001 요구사항을 만족하는 활동으로서 품질경영시스템 프로세스가 있다네.

S : 프로세스를 감시, 측정하려면 관리항목이나 관리지표 등의 기준을 정해두면 편리하겠군요.
O : 구매의 범주에는 관리 대상의 항목, 구매제품의 검증 결과와 주문서 발행 오류, 납기지연 등이 담겨있지.

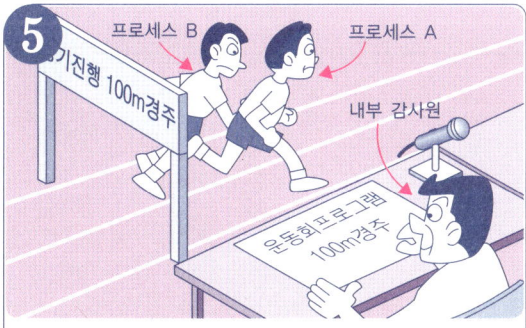

S : 품질경영시스템의 프로세스가 정하는 순서대로 효율적으로 실행하고 있는지에 대한 기능이군요.
O : 이는 일상 업무 중이나 내부감사에서 각 프로세스가 시스템으로서 적합한지를 확인하면 되네.

S : 만약 프로세스가 계획된 결과를 달성하지 못하는 경우에는 어떻게 하나요?
O : 제품 적합성에 대한 보증을 위해 공정 파라미터나 시스템 등을 적절히 수정하고 시정조치를 해야 하지.

27 제품특성을 감시하고 측정한다

- O : 다음은 요구사항에 대한 제품의 만족도를 검증하기 위해 제품특성을 검사하고 측정하는 일이네.
- S : 검증이란 객관적 증거를 제시함으로써 규정된 요구사항이 만족되었는지를 확인하는 것이지요.

- S : 제품특성을 감시하고 측정하려면 어떻게 하나요?
- O : 제조 메이커 등에서의 검사가 이에 해당되지.
- S : 검사란 필요에 따른 측정, 시험 또는 수치화된 관찰, 판정에 의한 적합평가군요.

- S : 그러면 감시, 측정은 언제 하면 되나요?
- O : 개별제품의 실현계획에 따라 제품실현의 적절한 단계에서 실시하면 된다네.
- S : 조직이 품질계획 중에 정해두면 되는군요.

- S : 이는 어떤 기준으로 정하면 되나요?
- O : 글쎄. 구매제품에 대한 통상적 검수, 제조 및 서비스 제공에서 후공정 인도 시의 공정 내 검사, 완성 제품에 대한 최종검사 등이 그 예라고 할 수 있지.

- S : 제품이 합격, 불합격 판정기준에 의해 적합하다는 증거로서 검사 및 측정결과를 기록하는 것이군요.
- O : 기록에는 후공정으로의 인도, 출하를 정식으로 허가한 담당자를 명기해 두어야지.

- S : 개별제품의 실현계획 사항을 완료할 때까지는 제품을 출하하거나 서비스 제공을 미루어야겠군요.
- O : 그 권한을 가진 사람이 승인하거나 해당 고객이 승인하는 경우라면 예외지.

28. 부적합 제품은 식별하고 관리한다

S : 부적합판정 제품은 어떻게 하나요?
O : 부적합 제품이 잘못 사용되거나 고객에게 전달되지 않도록 식별하고 관리해야지.

S : 제일 먼저 취해야 할 조치는 무엇인가요?
O : 부적합 제품의 처리에 관한 관리규정과 관련 책임과 권한을 문서화된 순서로 규정해 두어야지.
S : 예를 들면 부적합 제품 관리규정을 작성하는 것이군요.

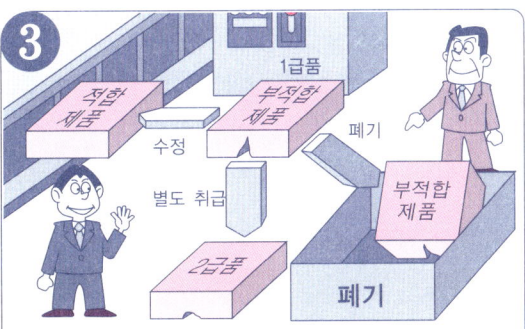

S : 만약 부적합 판정이 나면 어떻게 처리하면 좋을까요?
O : 부적합원인을 해결하기 위해 조치를 취해야겠지.
S : 결국, 다시 작업하거나 별도 방법 등을 고려해야겠군요.
O : 불가피한 상황에서는 폐기해야지.

S : 부적합한 상황이라도 특별한 예외 조항이 있겠지요?
O : 자기 조직 내에서 그 권한을 가진 사람, 해당 고객 등이 다음 공정으로의 진행, 출하를 정식으로 허가한 경우겠지.

S : 부적합 제품을 수정을 한 경우에는 요구사항의 적합성을 실증하기 위한 재검증 작업도 필요하겠군요.
O : 부적합 성질의 기록이나 부적합에 대해 취한 특별조치 기록은 유지해야겠지.

S : 만약 제품을 인도한 후 또는 사용개시 후에 부적합 제품이 검출된다면 어떻게 하나요?
O : 고객 불만은 부적합에 따른 영향이나 일어날 수 있는 영향에 대해 신속하고 적절하게 조치해야지.

◀ 제1편 ▶ 품질경영시스템이란 무엇인가

29 │ 데이터를 수집하고 분석해 정보를 제공한다

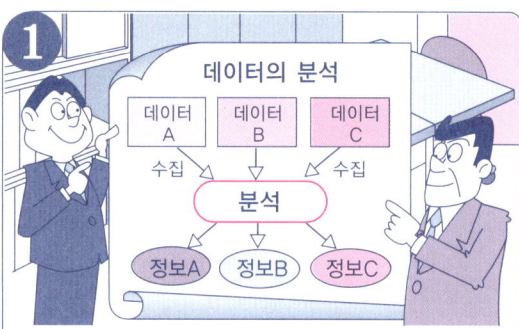

S : 우리가 구축한 품질경영시스템이 적절한지 또는 효과적으로 기능하고 있는지를 실증할 필요가 있어요. 어떻게 하면 되나요?
O : 먼저 적정 데이터를 정확히 수집하여 분석해야지.

S : 그 이외에 데이터 수집과 분석은 품질경영시스템의 효율적이고 지속적인 개선 가능성을 평가하기 위해서도 필요불가결한 사항이군요.
O : 데이터 분석에는 통계적 방법을 사용하면 되네.

S : 어떠한 데이터를 수집하면 좋을까요?
O : 검사나 측정 결과에서 얻은 데이터를 주로 하고, 그 외에 정보제공처로부터의 데이터도 입력해야지.
S : 이는 요구사항에 없어도 기록해 두는 것이 좋겠네요.

S : 구체적으로 말하면 어떠한 데이터가 유효할까요?
O : 글쎄. 고객 만족을 위한 검사 결과나 내부검사 결과, 프로세스 감시 및 측정, 제품검사 및 측정 등의 다양한 결과 데이터겠지.

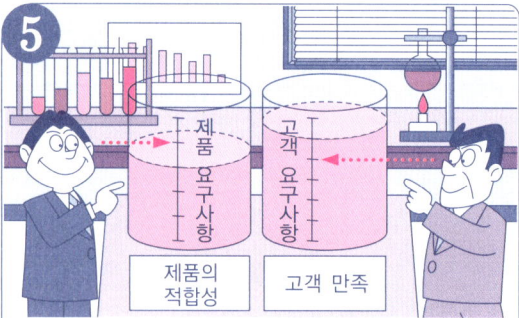

S : 어떤 정보를 얻을 수 있도록 분석하면 되나요?
O : 우선, 고객이 요구사항을 만족하는가에 대해, 또 어떻게 받아들이고 있는지 고객 만족을 평가해야겠지.
S : 그리고 나서 요구사항에 적합한지를 평가하는군요.

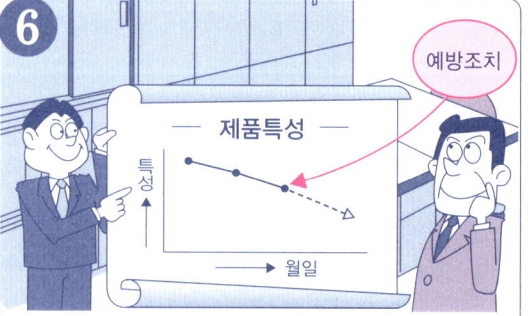

S : 그리고 예방조치를 하려면 프로세스와 제품 특성에 대한 시간별(기간별) 경향과 정보가 필요하겠네요.
O : 그 이외에 공급자의 재평가를 위해서는 각 공급자의 품질, 납기, 비용에 대한 정보가 있어야 하겠지.

30 품질경영시스템을 지속적으로 개선한다

S : 품질경영시스템을 효율적으로 개선하기 위해서는 어떤 것들이 있을까요?
O : 지속적 개선 노력은 고객만족 능력을 향상시키기 위한 품질관리의 일부라네.

O : 또한, 유효성이란 계획한 활동이 실행되고 계획한 결과가 달성된 정도를 말하지.
S : 그렇다면 지속적 개선의 목적은 무엇인가요?
O : 고객 만족을 향상시킬 가능성을 높이는 것이지.

S : 지속적 개선활동은 어떻게 하나요?
O : 우선 개선 영역을 명확히 하기 위해 현 상태를 분석하고 평가하여 개선 목표를 설정해야겠지.
S : 목표 달성을 위해 실현가능한 해결책을 찾는 것이군요.

S : 이런 해결책을 평가, 선정하여 실시하는군요.
O : 목표의 만족도를 판정하기 위해 실시결과를 측정, 검증, 분석, 평가하고 변경 사항을 정식으로 결정해야 겠지.

S : 구체적으로 어떠한 경우에 지속적 개선이 필요할까요?
O : 우선, 품질방침과 목표에 대한 개략적 목표를 정하거나 또는 품질목표를 구체적으로 설정해야겠지.
S : 감사 결과, 데이터분석 결과에서도 얻을 수 있겠네요.

S : 시정조치, 예방조치 활동 외에도 기획관리 단계에서도 개선 필요성이 결정되어야겠군요.
O : 개선결과를 사전에 검토하여 개선이 지속적으로 이루어지면 좋겠지.

31 부적합에 대해 시정조치·예방조치한다

S : 부적합한 상황인 경우에는 어떻게 조치하나요?
O : 먼저 시정조치를 해야겠지.
S : 검출된 부적합한 제품이나 상황에 대한 원인을 해결하기 위해 조치하는군요.

S : 시정조치는 재발방지를 위한 부적합의 원인 해결 조치로서 중요하군요.
O : 시정조치는 일률적으로 실시하는 것이 아니라 발견된 부적합의 영향에 알맞도록 유동적이어야 하네.

S : 그렇다면 시정조치는 어떻게 하나요?
O : 우선 부적합 내용을 확인, 분석하여 부적합의 재발 방지를 막기 위한 조치의 필요성을 평가해야겠지.

S : 다음에는 필요한 조치를 결정하고 실시하는 것이군요.
O : 조치 결과를 기록해야 하겠지.
S : 시정조치가 계획대로 완료되었는지 그리고 효과적으로 실시되었는지에 대한 활동을 검토하는 것이군요.

S : 시정조치는 검토된 원인에 대한 조치이므로 향후 일어날 수 있는 부적합에 대해서는 방지할 수 없네요.
O : 그러기 위해서는 일어날 수 있는 부적합한 원인의 예방조치를 취해야겠지. 방법은 동일한 요령이지.

S : 시정조치, 예방조치의 절차는 문서화해야겠군요.
O : 시정조치와 예방조치가 올바로 실시되지 않으면 인증/등록을 취득해도 "여전히 불만이 많아요. 어디가 변한거지요?" 하는 질문을 받게 될 걸세.

제1편 품질경영시스템이란 무엇인가

제2장

ISO 9001 품질경영 시스템을 구축한다

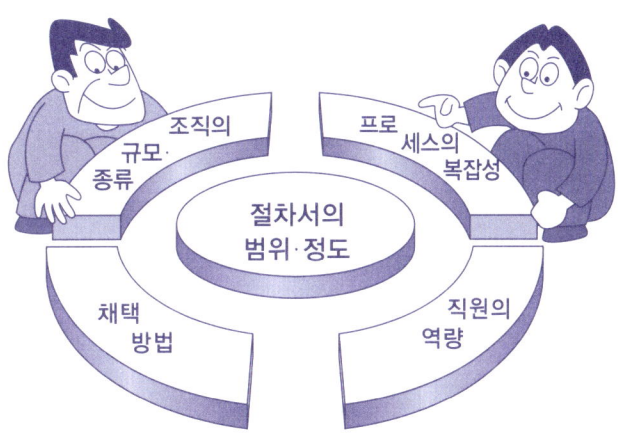

이 장에서는 ISO 9001 : 2000 규격에 기초한 품질경영시스템의 구축 방법에 대해 이해해보자.
(1) ISO 9001 : 2000 규격 품질경영시스템의 도입조사, 추진체제, 추진 계획의 작성 방법에 대해 나타내고 있다.
(2) 다음으로 심사등록기관의 선정, 교육계획, 현황파악의 방법, 인증/등록에 따른 부서책임자 역할을 이해해보자.
(3) 그리고 문서 체계, 품질매뉴얼·절차서의 작성과 품질경영시스템의 운용, 내부감사의 실시에 대해 설명하고 있다.

◀제1편▶ 품질경영시스템이란 무엇인가

1. ISO 9001은 경영수단으로서 반사 이익을 얻는다

S : ISO 심사등록제도에서 인증/등록을 취득했다는 이야기를 들었는데, 어떤 제도인가요?
O : ISO 9001 규격에 기초해 심사등록기관이 조직을 심사하고 적합한 경우 등록증을 부여하는 제도라네.

S : 조직은 무엇을 목적으로 인증/등록을 취득하나요?
O : 경영수단으로서 ISO 9001 규격에 기초한 품질경영시스템을 구축하고 부적합의 예방, 지속적 개선에 따른 고객 만족 향상을 꾀하기 위함일세.

S : 그런데 부적합이란 어떤 의미인가요? 별로 익숙치 않은 단어인데요.
O : 음, 부적합이란 요구사항을 만족시키지 못한 것을 말하네. 불량이나 하자와 같은 의미이지.

S : 조직이 품질경영시스템을 구축하고 부적합을 예방하면 어떤 효과가 있나요?
O : 부적합이 예방되면 투자비용, 즉 손실비용이 줄어들게 되지.

S : 품질경영시스템의 구축으로 경영자는 많은 경영자원을 투입하게 되지요.
O : 경영자는 경영의 수단으로서 인증/등록을 취득한다면 손실비용이 줄게 되어 결과적으로 이익을 얻게 되지.

S : 경영수단으로서 인증/등록을 취득했을 때 이것에 의해 이익을 얻지 못한다면 의미가 없겠네요.
O : 인증/등록을 취득하더라도 불량이나 고객 불만이 줄지 않으면 ISO 본래의 목적을 달성할 수 없게 되지.

2 ISO 9001 도입의 사전조사를 한다

O : ISO 9001을 도입하여 인증/등록 취득을 검토할 시기가 왔으니 사전조사의 책임을 맡아보게.
S : 알겠습니다. 열심히 하겠습니다.

S : 우선 업계나 경쟁 회사의 취득 동향, 그리고 수출 상대 조직의 인증/등록 취득의 정황과 거래 계약조건에 대한 정보를 모아보겠습니다.
O : 특히 관공서 공사의 적용현황 조사도 잊지 말게.

S : 전 조직이 하나가 되지 않으면 달성하기 어려우므로 최초에 도입 목적을 전직원에게 알려야겠네요.
O : 품질경영시스템의 재구축을 목적으로 하고 평가 수단으로서 인증/등록을 취득하도록 하세.

O : 먼저 인증/등록 취득범위를 정하도록 하지.
S : 취득 조직으로서는 전사적이면 되겠지요?
O : 규모가 작으니 의식고양도 당연하지.
S : 적용 규격은 물론 ISO 9001이겠지요.

S : 취득 대상 제품은 구체적으로 지정해야 하나요?
O : 당사에서 생산하고 있는 전제품으로 정해야겠지.
S : 인증/등록 취득 시기는 언제가 좋을까요?
O : 우리 회사 상황에서는 일년 정도로 보면 되겠지.

O : 그런데 인증/등록 취득에는 어느 정도의 비용이 드는지 조사해보게. 심사비용, 교육비용 등 사내에서의 준비비용도 포함해서 말일세.
S : 그러면 취득예산서를 작성해 보겠습니다.

3 인증/등록 취득을 위한 추진체제를 만든다

S : 사장님! ISO 9001을 도입하고 인증/등록을 취득하시기로 결정하셨습니까?
O : 사전조사 정보를 종합적으로 판단하면 ISO 9001 도입이 반드시 필요할 것 같네.

O : 품질경영시스템을 ISO 9001에 맞추어 구축하려는데 관리책임자는 사전조사를 담당한 자네가 한 번 맡아보도록 하지.
S : 알겠습니다. 최선을 다하겠습니다.

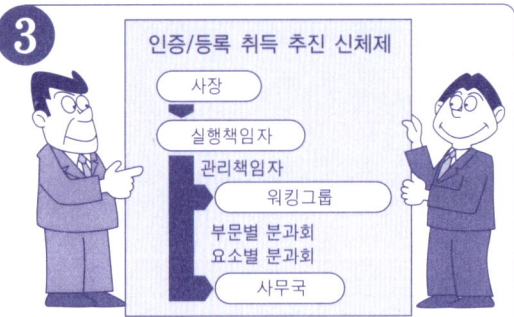

S : 인증/등록을 취득하려면 대략 일 년 정도 소요되니 이에 맞는 추진 프로젝트 편성이 효율적일 것 같습니다.
O : 추진책임은 사장인 내가 질테니까 실행책임은 자네가 맡아보도록 하게. 어서 멤버를 정하세.

S : 프로젝트는 인증/등록 취득까지의 마스터플랜을 작성하고 전반적인 추진 사항을 정하면 되겠군요.
O : 프로젝트는 추진계획의 진행을 관리하고 부문 간 수준을 감안하여 조정기능이 결여되면 안되네.

O : 자기 업무가 아니라고 방관하는 경향이 있을 수 있으니 전 직원이 사명감을 가져야 하네. 모두 부서팀장 책임이니까.
S : 멤버는 임면장을 주어 사기를 고양하면 좋겠습니다.

S : 멤버는 어떻게 선정하면 좋을까요?
O : 담당 부문 업무와 품질경영시스템 요소와의 관련을 한 눈에 알아볼 수 있도록 도표화하고 가로는 부문별 분과회를, 세로는 요소별 분과회를 적으면 편리하겠지.

4 추진을 위한 마스터플랜을 만든다

S : 추진을 위한 조직 구성은 했는데, 앞으로 어떻게 진행하면 좋을까요?
O : ISO 9001 품질경영시스템을 구축하고 인증/등록 취득까지의 마스터플랜을 작성해보게.

S : 마스터플랜은 누가 작성하면 좋을까요?
O : 물론 관리책임자가 원안을 작성해야겠지.
S : 추진 프로젝트에서 그 안을 심의하는 것이군요.
O : 그런 다음 경영자의 승인을 받아야겠지.

S : 마스터플랜에 넣어야 할 사항은 어떤 것들이 있을까요?
O : 출발 선언부터 인증/등록 취득까지의 대일정, 준비사항, 리소스 등이겠지.
S : 인증/등록에 필요한 비용도 예산화해야겠군요.

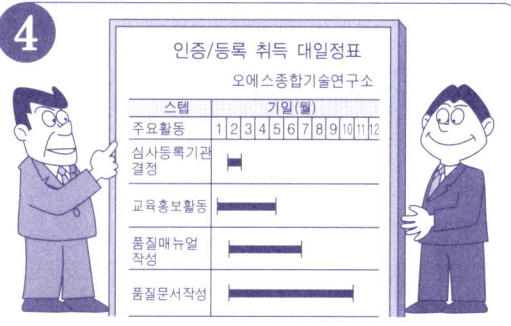

S : 언제까지 무엇을 어떻게 하는지를 관리해야겠군요.
O : 심사등록기관의 결정, 교육훈련, 품질매뉴얼·품질경영시스템 문서의 작성 및 실시, 내부품질감사, 첫심사 등의 시기도 정해야겠지.

S : 마스터플랜이 완성되면 구체적인 상세 계획을 작성할 필요가 있겠군요.
O : 특히 품질경영시스템에 관한 문서는 작성책임자, 완료일 등을 기재해두면 좋겠지.

S : ISO 9001 규격의 교육, 내부품질감사원의 교육도 구체적으로 계획해야겠군요.
O : 내부품질감사의 연도실시계획에 맞추어 교육하고 내부품질감사원을 육성해 두어야겠지.

5 심사등록기관을 선정한다

S : 아직 중요한 심사등록기관을 결정하지 못했습니다.
O : 빨리 결정하세. 인증/등록 범위나 사전 방문 조사, 현지(본) 심사일 등 구체적 상담을 하고 싶으니까.
S : 심사를 맡길 심사등록기관의 견해가 중요하니까요.

S : 그런데 심사등록기관은 어떻게 선택하면 좋을까요?
O : 우선 어느나라의 등록증이 필요한 지를 판단해야겠지.
S : 즉, 영업 정책상 어느나라의 인증기관에서 인증을 받고 있는 심사등록기관인지를 선택하는군요.

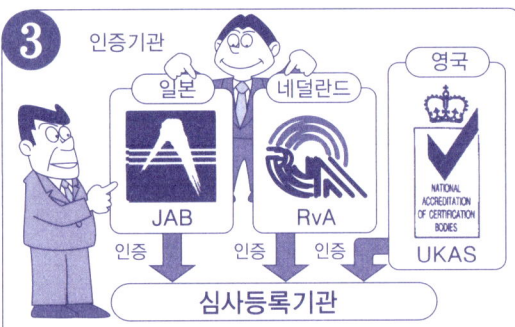

O : 국내, 해외의 심사등록기관에는 일본의 인증기관인 일본적합성인증협회(JAB)에서 인증받고 있을 뿐만 아니라 영국(UKAS), 네덜란드(RvA) 등에서도 인증을 받고 있기 때문에 사전에 조사하는 것이 좋다네.

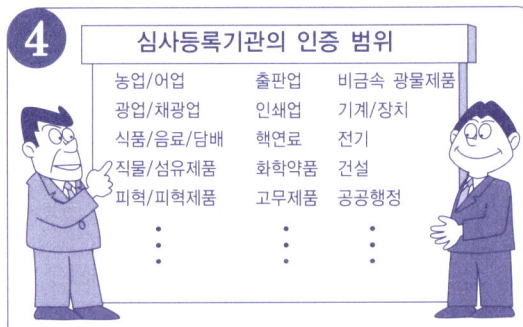

S : 심사등록기관은 어떤 업종도 인증/등록 가능한가요?
O : 인증기관으로부터 39항목의 인증범위 중 특정한 항목을 인증/등록 대상 범위로 인정하고 있다네.
S : 우리 회사도 해당되겠군요.

O : 우리나라의 심사등록기관은 각 업계가 중심이 되어 설립되는 경향이 있다네.
S : 자기 조직의 업계 기관 선택도 한 방법이겠군요.
O : 심사원이 그 업계 출신이라고는 할 수 없다네.

S : 심사비용은 심사등록기관에 따라 다릅니까?
O : 물론이지. 적당한 심사등록기관을 선택하여 비교 견적을 받는 것도 중요하지.
S : 결국은 소개나 평판이 좋은 기관을 선택해야겠군요.

6 ISO 관련 교육계획을 세우고 실시한다

S : 서서히 교육 내용을 생각해야겠네요.
O : 인증/등록 취득준비는 ISO 관련 지식교육이 가장 우선이지. 얼마나 효과적으로 교육을 실행하는지의 여부가 단기간에 취득할 수 있는 열쇠가 되기 때문이지.

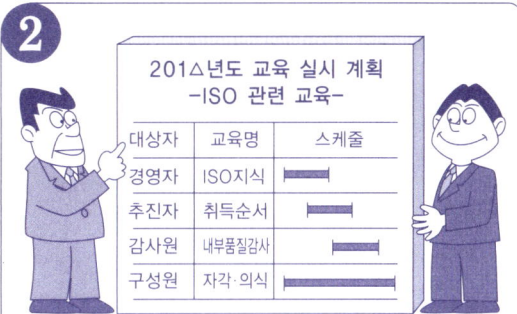

S : 교육을 실시하려면 우선 어떻게 해야 하나요?
O : 효과적인 교육은 목적을 명확히 하고 교육계획을 세워 그것에 기초해 실시하는 것이지.
S : 금년도의 ISO 관련 교육계획을 세워야겠네요.

S : 인증/등록 취득에 대해서는 최고책임자인 경영자부터 차례로 교육을 받아야겠네요.
O : 경영자는 외부교육기관의 'ISO 9001 경영자 코스' 등에 참가해 ISO를 이해하면 더욱 좋겠지.

S : 관리책임자, 추진자는 어떻게 교육하면 좋을까요?
O : ISO 9001 규격의 요구사항, 인증/등록 취득절차, 문서작성 방법 등을 습득해야한다네.
S : 'ISO 9001 심사준비코스' 수강이 좋겠네요.

S : 내부품질감사원의 교육도 해야겠네요.
O : 우리 회사는 내부품질감사 교육을 받으면 감사원으로서의 역량을 인정하고 있다네.
S : 처음은 외부 교육기관 연수를 받는 것이 좋겠네요.

S : 인증/등록 취득은 모든 조직의 구성원들이 한마음이 되어야 하기 때문에 추진자 이외의 구성원에게도 ISO 관련 지식교육이 필요하겠네요.
O : 특히 인증/등록 취득의 필요성과 의식교육이 중요하지.

7 인증/등록 취득 시 부문별 책임자의 역할

S : 이제 인증/등록 취득을 위한 품질경영시스템 구축을 효과적으로 실행하려면 무엇이 중요한가요?
O : 부문별 책임자들이 각각 자신의 역할을 충분히 인식하는 일이 선행되어야겠지.

O : 부문별 책임자의 역할에는 다섯 가지가 있다네. 첫번째는 품질경영시스템 구축을 위한 책임과 권한이네.
S : ISO 사무국이나 프로젝트에는 없는 것이지요.

O : 두 번째는 ISO 9001 품질경영시스템은 부서장의 업무 그 자체라는 것이네.
S : 현재 업무와는 전혀 다른 ISO 9001 품질경영시스템을 만드는 것이 아니군요.

O : 세 번째는 심사등록기관 심사를 직접 받고 질문에 답하는 것도 부서장의 역할이네.
S : ISO 사무국이나 프로젝트 멤버가 심사해 주는 것이 아니라는 것이군요.

O : 네 번째는 심사등록기관의 심사는 첫인상이 중요하기 때문에 부서장이 제대로 이해를 못하게 되면 심사가 까다로워지는 경향이 있다네.
S : 점차적으로 더욱 어려운 질문을 받게 되는군요.

O : 다섯 번째는 품질경영시스템을 구축하려면 비용이 들기 때문에 그 비용을 어느 정도 효과적으로 운용하는지도 부서장의 역할이지.
S : 부적합판정 방지와 손실비용을 감소시키는군요.

8 시스템의 구축은 현황 파악에서부터 시작한다

S : 우리도 드디어 ISO 9001에 기초해서 품질경영시스템을 구축하려고 하는데, 우선 무엇부터 손을 대야 좋을까요?
O : 요구사항에 관한 업무의 현황 파악부터지.

S : 품질경영시스템을 구축한다고 해서 무언가 특별한 시스템을 만들어야 하는지 고민했어요.
O : 그렇지는 않아. 현재 업무를 ISO 9001의 품질경영시스템으로 보강하고 일체화하면 되지.

S : 이상적 상태의 시스템 구축은 현 상태와 차이가 커서 인증/등록한 후 오히려 업무에 위화감이 생겨 고생할 수도 있겠군요.
O : 일상 업무에서 실현가능 범위의 시스템이라고 할까.

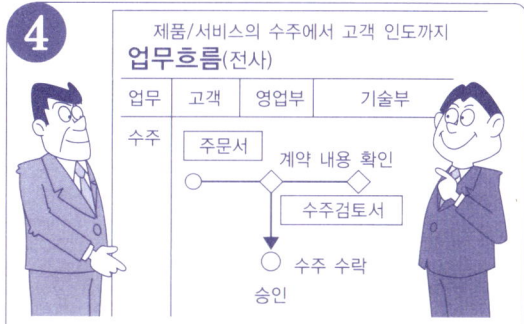

O : 우선 관련 부문장들이 모여 고객 주문의 제품/서비스를 인도할 때까지의 흐름을 사용 전표나 장부와 함께 업무흐름도로 나타내어 보게.
S : 그리고 보니 현재 그런 문서는 없네요.

O : 전사적인 업무흐름도부터 시스템 요소마다 담당 부문에 대한 상세한 업무흐름도를 만들어야 하네.
S : 어렵게 생각하지 말고 지금 하고 있는 일을 업무 순서대로 절차서로 하면 되겠군요.

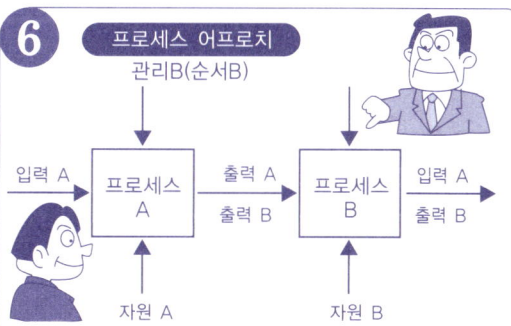

O : ISO 9001에서는 제품의 제조/서비스 활동을 입력(input)하고 이것을 출력(output)으로 변환하여 실행하는 것을 프로세스 어프로치라고 하네.
S : 이것을 업무흐름도 작성에 응용하면 되겠군요.

9 시스템을 확립하고 문서화하여 실시, 유지한다

S : 그런데 품질경영시스템이란 무엇인가요?
O : 품질에 대해 조직을 지휘하고 관리하기 위한 경영시스템이라고 할 수 있지.
S : 품질방침, 품질목표를 달성하는 시스템이군요.

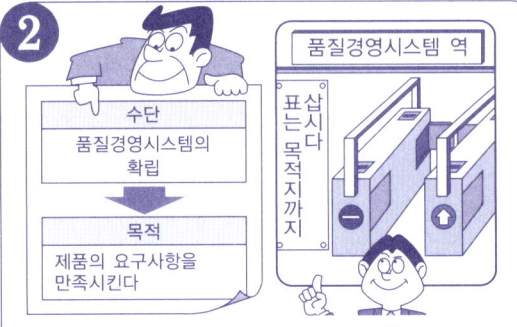

S : 품질경영시스템의 확립 목적은 무엇인가요?
O : 물론 제품이 요구사항에 적합한지를 확실히 하기 위한 것이지. 최종 목적인 제품품질을 충분히 만족한 후에야 시스템을 확립했다고 할 수 있겠지.

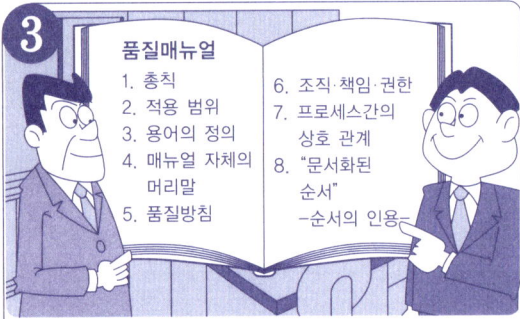

S : 시스템은 요구사항에 따라 문서화해야 겠지요?
O : 그렇지, 품질매뉴얼을 작성해야겠지.
S : 품질매뉴얼은 품질시스템 절차를 포함하거나 그 절차를 인용하여 기술해야 하는군요.

S : 품질매뉴얼과 함께 규격 요구 문서 이외의 것이 필요할 때 절차서를 작성해야겠군요.
O : 절차서의 범위는 업무의 복잡성, 적용 방법, 관계자의 역량에 따라 달라도 상관없다네.

S : 절차서는 업무에 필요한 기술이 축적되어 기능이 전달되는 내용으로 하는 것이 바람직하겠군요.
O : 중요한 것은 문서화한 절차서를 효과적으로 실행하고 결정된 대로 추진하는 것이지.

S : 실시한 것은 기록해두어야겠지요?
O : 품질경영시스템의 기준은 요구사항을 순서대로 확립하고, 필요하다면 문서화하여 절차서를 만들며, 이를 순서대로 실행하여 필요한 기록을 남겨야 하네.

10. 문서체계를 확립한다

S : 현 상태를 파악했다면 다음은 어떻게 하나요?
O : 다음으로는 문서의 체계화를 계획해야겠지.
S : 문서에는 여러 가지 종류가 있어 각각 관리방법이 다르니까요.

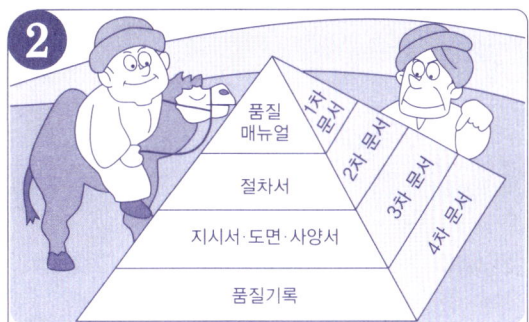

S : 관리해야 할 문서는 어떻게 체계화하면 좋을까요?
O : 일반적으로 품질경영시스템에 있어서 사용 목적에 따라 1차 문서, 2차 문서, 3차 문서, 4차 문서의 4단계로 구분하고 있지.

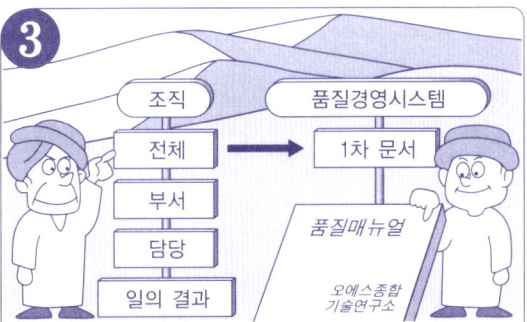

S : 1차 문서란 품질매뉴얼을 말하나요?
O : 그렇지. 조직의 품질경영시스템 전체를 하나로 모은 문서로서, 품질매뉴얼은 품질경영시스템의 헌법이라고도 할 수 있다네.

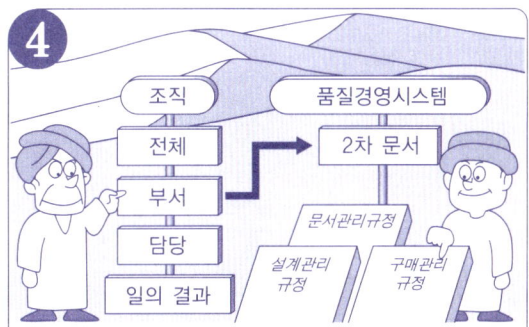

S : 2차 문서란 품질경영시스템을 실행하기 위해 필요한 활동을 기술한 절차서군요.
O : 부문 간의 활동을 나타내는 사내규정이라고도 할 수 있지.

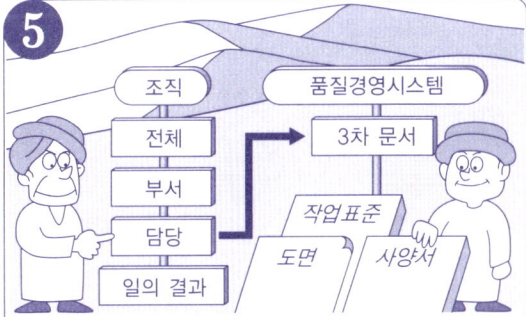

S : 3차 문서란 프로세스 활동의 작업요령 및 관리방법을 기술한 지침서군요.
O : 실무 담당자를 위한 개별 업무, 작업마다의 표준서, 지침서 등으로서, 도면이나 사양서도 여기에 해당되지.

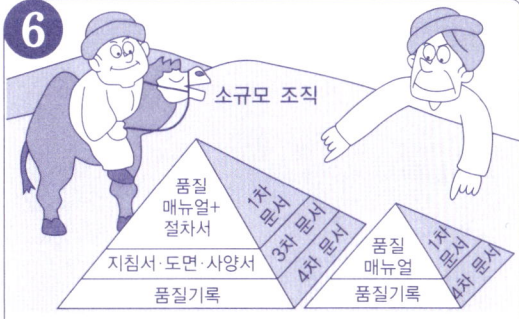

S : 4차 문서는 담당자가 한 일의 결과의 기록이군요.
O : 문서의 체계는 조직의 규모가 작으면 4단계로 하지 말고, 1차·3차 문서로 기록 또는 품질매뉴얼(1차)로 기록해도 상관없네.

11. 품질매뉴얼을 작성한다

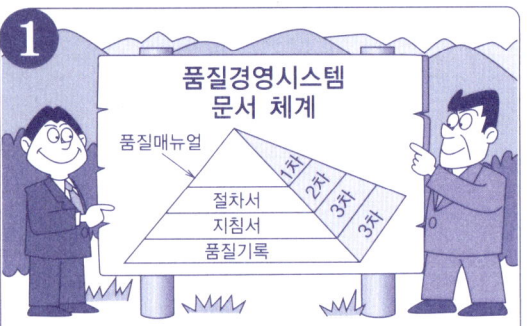

S : 품질경영시스템 문서의 체계화 과정을 마쳤으니 드디어 1차 문서인 품질매뉴얼을 작성해야겠군요.
O : ISO 9001 규격에서는 이 문서 작성을 필수 사항으로 요구하고 있다네.

S : 품질매뉴얼이란 어떤 문서인가요?
O : ISO 9000에서는 '조직의 품질경영시스템을 규정하는 문서'라고 규정하고 있지.
S : 자기 조직의 시스템을 한 권으로 정리한 것이군요.

S : 그렇다면 품질매뉴얼 작성의 목적은 무엇인가요?
O : 조직 내의 효과적인 품질경영시스템 실시와 고객과의 거래 계약 시 ISO 9001 적합성을 실증하기 위한 목적이 있지.

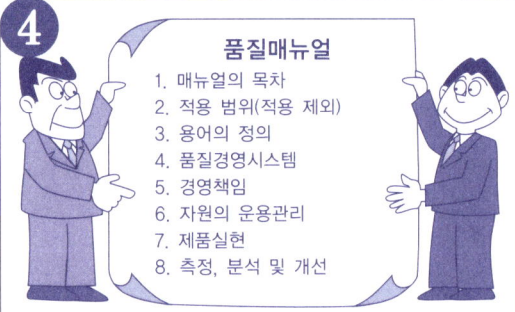

S : 품질매뉴얼에는 무엇을 기재하면 되나요?
O : 주요 내용은 ISO 9001의 품질경영시스템 요소를 전부 기술하고, 만약 요구사항의 적용 제외 조항이 있다면 적용 범위에 명기해야겠지.

S : 간혹 시중 판매 문헌 등을 인용하는데, 우리 회사의 현실과 맞지 않아 조정하는 데 시간이 걸려요.
O : 본래는 자기 조직 각각에 맞는 시스템의 절차서 중 주요 요지를 인용하고 순서를 포함하면 되지.

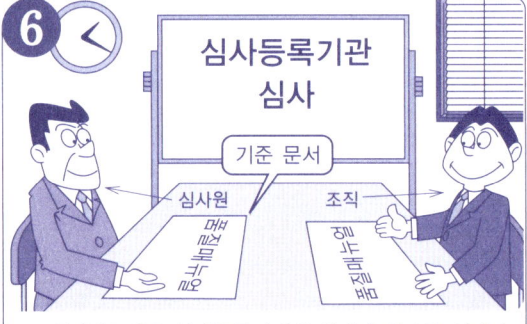

O : 품질매뉴얼은 심사등록기관의 심사시 중요한 심사기준이 되기 때문에 기재내용을 지키지 않으면 전부 부적합 처리되므로 반드시 지켜야 하네.
S : 고객에게 제출할 수 있기 때문에 쉽게 써야겠네요.

12 | 절차서를 작성한다

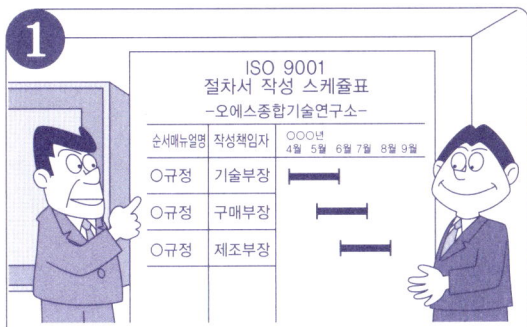

- S : ISO 9001에서 요구하는 '문서화된 절차'를 절차서로 작성하지 않으면 안되겠네요.
- O : 그 외에 당사가 필요하다고 판단되는 문서도 작성하도록 규격에서는 요구하고 있다네.

- S : 절차서의 범위와 정도는 어떻게 정하나요?
- O : 그 조직의 규모나 종류, 활동, 프로세스의 복잡성, 사용 방법, 직원의 역량으로 정하면 되지.
- S : ISO 9001 규정을 정확히 이해하고 정해야겠네요.

- S : 그러면 누가 절차서를 작성해야 합니까?
- O : 물론, 그 업무를 실행하고 있는 부서장이 책임을 지고 작성해야겠지.
- S : 관리책임자나 사무국은 이를 지원하는 것이군요.

- S : 종종 절차서를 ISO 관련 문서의 작성에 관한 '시판 문헌'에서 인용하여 작성하고 있는 것 같아요.
- O : 그렇기 때문에 자기 조직의 실정과 잘 맞지 않아 각 부문에서 '실행할 수 없다'는 불만이 자주 나오기도 하지.

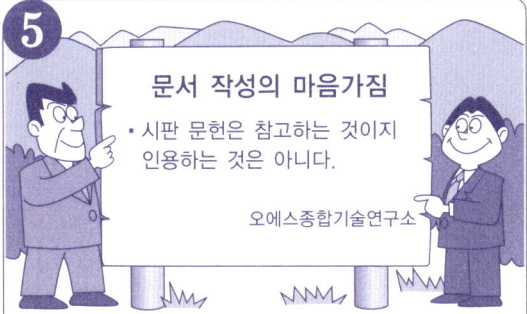

- S : 시판 문헌을 인용하면 추상적 내용이 되기 쉬운데, 이것은 여러 타회사의 시스템에 맞게 기술되어 있어 우리 조직의 실정에 맞지 않는 것은 당연해요.
- O : 시판 문헌은 참고만 해야지 인용하는 것은 금물이지.

- S : 자기 조직의 절차서이기 때문에 업무를 조사하여 업무 절차를 정하고, 이를 기초로 작성하는군요.
- O : 자기 조직의 업무 실행 방법 자체를 절차서로 나타낸 후 부족한 부분은 스스로 정해야겠지.

13 품질경영시스템을 운용한다

S : ISO 9001에 기초한 품질경영시스템을 실행하는 데 필요한 프로세스를 기술한 절차서도 작성했으니 빨리 이를 실시해야겠네요.
O : 절차서 작성은 꽤 까다로운 작업이라네.

S : 품질매뉴얼과 절차서를 배부했는데 해당 부서에서 정말로 업무에 반영해줄까요?
O : 처음엔 무리겠지. 일상 업무가 바쁘다는 등의 이유로 읽지 않는 사원도 있으니까 실행되지 않을 수도 있지.

S : 그러면 어떻게 하면 좋을까요?
O : 사용 부문장이 부하 직원에게 품질매뉴얼이나 해당 절차서를 교육하고 항상 기재하도록 해야겠지.
S : 준수에 대한 의식 교육도 해야겠네요.

S : 품질매뉴얼과 절차서는 발행(발효)일부터 실행되어야 하기 때문에 사전에 교육을 해야겠네요.
O : 부문장은 부하가 품질매뉴얼과 절차서에 따라 일상 업무를 실시하는지를 항상 관리해야만 하네.

S : 품질경영시스템의 요구사항에 맞도록 일상 업무 중에도 기록해야겠네요.
O : ISO 9001에서 '4.2.4(기록관리)' 참조로 기술되어 있는 기록은 반드시 준수해야하네.

S : 품질매뉴얼과 절차서로 일상 업무를 실시했을 때 잘 실행되지 않으면 그때마다 개정하는군요.
O : 실시와 개정을 반복하면서 품질경영시스템이 잘 돌아가게 되는 걸세.

14. 업무는 역량이 있는 적임자에게 할당한다

S : 업무는 적임자에게 할당하지 않으면 안되겠네요?
O : 업무에 대한 지식과 기능을 적용하기 위해서 능력이 검증된 사람이 필요하겠지.
S : 처음부터 순조롭게 진행되지는 않겠지요.

S : 조직 내에서는 어떻게 하면 좋을까요?
O : 우선 품질관리와 관련된 부서 직원을 대상으로 필요한 역량을 명확히 이해시키는 작업이 필요하네.
S : 이를 이해하기 쉽도록 절차를 정해두면 좋겠네요.

S : 필요한 역량을 지닐 수 있도록 교육훈련하기 위해 1년간의 교육계획을 세우는 것이 바람직하겠네요.
O : 구체적인 교육실시계획이 완성되면 내용에 따라 내부, 외부로 나누어 교육훈련을 실시해야지.

S : 교육·훈련만 받았다고 되는 것은 아니겠지요?
O : 그럼. 그 교육훈련 내용에 기초하여 업무에 적용시켜 이를 이해하는지 평가해야지.
S : 이해하지 못했다고 판단되면 재교육을 하는군요.

S : 자기 업무의 의미와 중요성을 인식하는지에 대해 교육을 실시하고 준수 의식을 가지도록 하는 것이군요.
O : 자신이 품질목표의 달성에 어느 정도 공헌하는지에 대한 인식도 실수를 방지하기 위해 필요하지.

S : 교육훈련을 했다는 것은 품질기록에 꼭 기록해 두어야겠네요.
O : 학력, 취득자격, 기능, 경험도 품질기록에 적어두어야 하네. 가능하다면 개인별로 관리하면 좋지.

15 내부감사를 실시한다

S : 드디어 내부감사 실시 시기가 되었는데, 구체적으로 감사 당일에 무엇을 하면 좋을까요?
O : 우리 회사의 내부감사 절차서에 따라 감사기준 ISO 9001에 대한 적합성을 검증하는 것이지.

S : 우선 감사증거란 어떤 것입니까?
O : '감사기준과 관련하여 동시에 검증 가능하고 기록, 사실 기술 또는 그 정보'로 감사기준을 만족시키고 있는가 아닌가에 대한 증거를 수집하는 일이지.

S : 그렇다면 감사증거를 수집하려면 어떻게 하나요?
O : 증거수집에는 문서감사와 현장감사가 있다네.
S : 피감사자와 면담하고 문서내용이 감사기준을 만족하고 있는지를 검증하는 것이 문서감사군요.

S : 감사원은 실제업무현장을 방문하는군요.
O : 결정된 순서로 일을 하고 있는지에 대해 직접 면담하고 그 활동을 직접 관찰하지 않으면 안되기 때문이지.
S : 검사·보수 현장뿐만 아니라 사무실도 현장이네요.

S : 면담에서 피감사자는 감사원에게 협력해야겠군요.
O : 자기 조직의 품질경영시스템 재평가 개선에 대해 피감사자와 감사원은 대등한 입장이라네.
S : 감사원은 예의를 갖추고 엄숙한 자세가 중요하겠군요.

S : 감사원은 사실에 기초하여 객관적으로 판단해야겠네요.
O : 주관적 판단이나 추측은 금물이네.
S : 감사원은 면담, 관찰 과정에서 얻은 감사자료를 기록하고 재현할 수 있도록 해야겠네요.

제2편 환경경영시스템이란 무엇인가

제3장

● ISO 14001 환경경영 시스템을 이해한다

이 장에서는 조직이 인증/등록을 취득한 경우, 그 심사기준이 되는 ISO 14001 : 2004 규격(환경경영시스템-요구사항 및 이용의 안내)에 기초하여 환경경영시스템에 대해 이해해보자.
(1) ISO 14001 : 2004 규격의 환경경영시스템의 요구사항을 규격의 구성에 따라 만화(일러스트)로 쉽게 이해할 수 있도록 해설하고 있다.
(2) '환경이란' 그리고 '환경경영시스템이란' 어떤 것인가를 아는 것이 중요하다.
(3) 심사등록제도에 대해 설명하고 있으므로 조직에서 '인증/등록'을 취득할 경우에 참고하도록 한다.

1 지구 차원으로 환경이 문제가 되고 있다

S : 그런데 우리 회사도 서서히 환경에 관심을 가질 필요가 있지 않을까요?
O : 우리 회사도 환경 문제와 관련이 있긴 하지.
S : 많은 도움을 주셨으면 합니다. 잘 부탁드립니다.

S : 우선 환경이란 무엇인가요?
O : 글쎄, 환경이란 대기, 물, 토지, 천연자원, 식물, 동물, 인간 그리고 이들의 상호 관계를 포함하여 우리 조직의 활동을 둘러싸고 있는 모든 것들이겠지.

S : 조직 활동을 둘러싼 모든 것이라고 하신다면?
O : 조직 내, 즉 우리 회사 내부에서부터 글로벌 규모의 시스템에 미치는 것들이겠지.
S : 우리들의 일상적인 활동이 곧 환경이군요.

S : 글로벌 규모의 환경 문제에는 지구온난화가 있지요.
O : 활동 영역의 확대로 이산화탄소, 메탄가스 등의 대기 중 농도가 상승하면서 우주공간으로 열이 나가지 못해 온난 효과가 발생하여 기온이 상승하는 것이라네.

S : 산성화된 비가 내리는 산성비도 있지요.
O : 화석 연료의 연소로 발생한 황산화물, 질소 산화물이 황산, 질산으로 되어 빗물에 섞이는 현상이지.
S : 산성비는 호수 생태계나 건축물에 영향을 주지요.

S : 삼림의 감소도 기후의 안정화, 토양·물의 보전, 야생 생물의 유지 등의 환경에 영향을 주지요.
O : 삼림, 특히 열대우림의 상업적 채벌, 화전 경작, 이주 등에 따른 채벌 문제도 심각하지.

2. 환경경영시스템의 심사등록제도

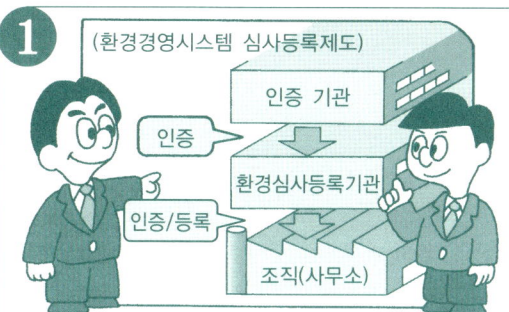

S : 환경경영시스템의 심사등록제도란 무엇인가요?
O : 인증기관이 환경심사등록기관을 인증하고 심사등록기관이 조직을 인증/등록하는 제도를 말하지.

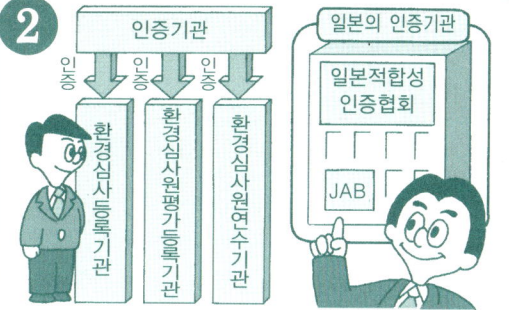

S : 인증기관은 한 국가, 한 기관이 원칙이라고 하던데요.
O : 환경심사등록기관이 필요한 능력을 가지고 있는지에 대해 객관적으로 인증하고 신용을 주는 기관으로, 일본에는 일본적합성인증협회(JAB)가 있다네.

S : 그렇다면 환경심사등록기관이란 어떤 곳인가요?
O : 조직의 환경경영시스템이 공표된 환경관리시스템 규격에 적합한지에 대해 심사하고 인증/등록하는 제3자 기관을 말하네.

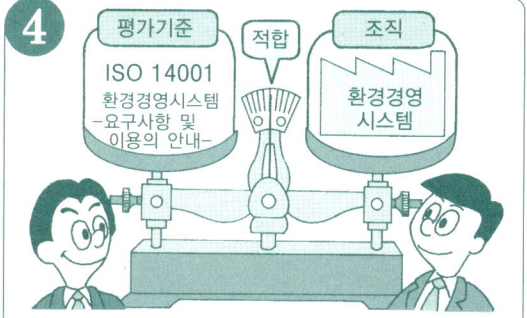

S : 인증/등록시 대상이 되는 공표된 환경경영시스템 규격을 구체적으로 알려주세요.
O : 이것은 'ISO 14001 환경경영시스템 -요구사항 및 이용의 안내-' 라는 규격을 말하네.

S : 심사등록기관은 조직 내 환경경영시스템의 ISO 14001 적합성을 검증하는 것이군요.
O : 시스템을 인증/등록하는 것이지, 제품이 환경에 유익하다는 것을 보증하는 것은 아니라네.

S : 심사 결과 적합 판정을 받으면 어떻게 되나요?
O : 환경심사등록기관으로부터 등록증이 전달되고 등록마크 사용을 허가받지. 단, 이 마크는 실제 제품에 붙여서는 안되도록 되어 있네.

3 환경경영시스템이란 무엇인가

S : 환경경영시스템에 대해서 알려주세요.
O : 전체적 경영 기능 중 환경방침을 정하고 실시하여 환경측면을 관리하기 위해 사용되는 방침과 목적을 달성하기 위한 시스템을 말하네.

S : 환경방침을 결정했다면 그 다음은 어떻게 하나요?
O : 사업 활동, 제품, 서비스에 대한 환경 영향이 필요한 내용을 정하고, 동시에 법적 요구사항을 확인하고 환경 목적과 목표를 설정하여 환경 실시 계획을 작성하지.

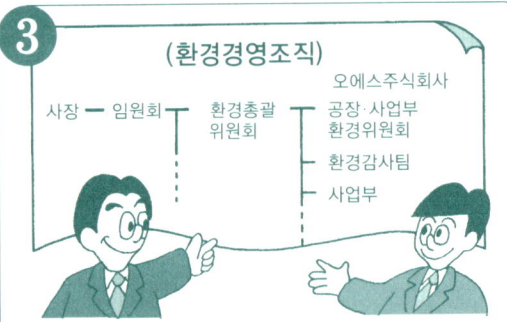

S : 그렇다면 실시, 운용은 어떻게 하나요?
O : 환경활동의 효과적 진행을 위해 조직의 역할, 책임, 권한을 결정하고, 업무담당 직원을 훈련하고, 문서관리 절차와 일상업무관리 절차를 정하게 되지.

S : 환경영향에 민감한 공정의 주요 특성을 감시 및 측정하는 절차를 정할 필요가 있겠군요.
O : 부적합의 조치, 조사와 시정조치, 예방조치를 위해 책임과 권한을 동반하는 절차를 결정할 필요가 있겠지.

S : 환경기록의 식별, 유지 및 폐기를 위한 절차를 정하고 쉽게 검색할 수 있도록 하는군요.
O : 환경경영을 위한 계획에 적합하고 적절하게 실시되고 있는지를 내부환경감사로 검증해야겠지.

S : 경영진은 환경경영시스템을 지속적으로 타당, 적절, 유효한가를 검토해야겠네요.
O : 경영진은 방침, 목적, 절차를 검토하고 환경경영시스템의 지속적 개선 노력을 아끼지 말아야겠지.

4 전체를 ISO 14000 시리즈 규격이라고 한다

S : 그런데 당사가 환경에 대응하려면 어떤 기준으로 시스템을 구축하면 좋을까요?
O : 글쎄. ISO 14000 시리즈 환경경영규격을 기준으로 하면 좋을 듯 싶네.

S : 그렇다면 ISO는 무엇인가요?
O : 국제표준화기구라고 해서 전기 관련을 제외한 공업제품의 국제표준화 및 규격화를 시행하는 기관이지.
S : 국제표준화기구가 작성한 것이 ISO 규격이군요.

S : ISO 14001이란 어떤 규격인가요?
O : 이것은 '환경경영시스템-요구사항 및 이용의 안내'라고 해서 요구사항을 규정하고 인증/등록, 자기 선언에 이용할 수 있는 규격이라네.

S : 그리고 ISO 14004란 규격도 있지요?
O : 그것은 '환경경영시스템-원칙, 시스템 및 지원기법의 일반지침'이라고 해서 시스템을 확립하고, 실시하며, 개선하기 위한 안내서에 해당하지.

S : 또한, ISO 14050이란 규격도 있지요?
O : 이것은 '환경경영-용어'라고 해서 ISO 14000 시리즈 규격에 사용되고 있는 용어를 정의한 규격이라네.

S : ISO 19011은 어떤 규격인가요?
O : 이것은 '품질 및 환경경영시스템 감사를 위한 지침'이라고 해서 환경과 품질의 내부감사 및 외부감사 실시의 안내를 위한 규격이라네.

5　ISO 14001에 적합한 시스템을 만든다

S : 최근 '지구에게 좋은 환경'이라는 슬로건으로 세계 환경에 대한 관심이 높은 것 같아요.
O : ISO 14001 규격 환경경영시스템에 대해서도 국제적 규격이 제정되고 있는 실정이니까 말이야.

S : 그런데 환경이란 무엇인가요?
O : 글쎄, 환경이란 대기, 물, 토지, 천연자원, 식물, 동물, 인간 그리고 이들의 상호 관계를 포함하여 우리 조직의 활동을 둘러싸고 있는 모든 것들이겠지.

S : 그렇다면 환경을 지키는 회사가 되려면 어떻게 하면 되나요?
O : 우선 ISO 14001이란 규격에 적합한 환경경영시스템을 만들어야겠지.

S : 환경경영시스템을 이용하여 조직 내 활동이나 제품, 서비스 환경에 대한 영향을 어떻게 응용하면 좋을까요?
O : 배출 가스 관리에 따른 대기 오염을 방지하고, 수중 배출 관리에 따른 수질 오염을 방지해야겠지.

S : 물, 연료, 에너지 및 천연자원의 사용과 이에 따르는 폐기물 관리도 필요하군요.
O : 또한, 토양 오염을 막는 것도 중요하지. 오염되면 좀처럼 되돌리기 어려우니 말이야.

S : 소음이나 냄새, 분진, 진동 등에 따른 지역 사회에 대한 영향도 고려해야겠지요.
O : 좀더 범위를 넓혀 말하자면, 생태계를 포함한 지역적 환경 문제에 의한 영향도 주요 과제 중 하나지.

6. ISO 14001은 PDCA에서 구성되고 있다

S : ISO 14001 규격은 업종, 형태, 규모, 제품을 불문하고 모든 조직에 적용할 수 있는 특징이 있군요.
O : 게다가 다양한 지리적, 문화적, 사회적 조건에도 적용할 수 있도록 되어 있는 것도 특징이겠지.

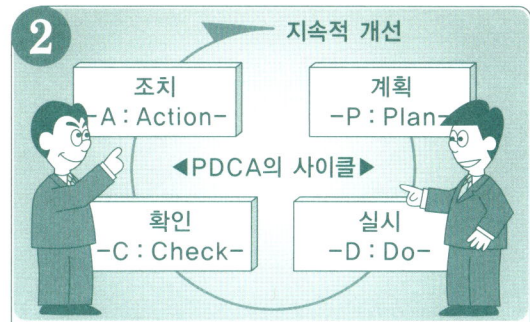

S : 이 규격은 PDCA 사이클로 구성되어 있군요.
O : 그렇지. 계획(Plan)하고, 계획에 따라서 실시(Do)하고, 계획대로 실시되었는지 확인(Check)하고, 그 결과에 따라 조치(Action)하는 것이지.

S : ISO 14001 규격에서의 계획(P)은 무엇을 말하나요?
O : 환경 퍼포먼스에 관한 환경방침 설정이라네.
S : 환경방침에 적합한 결과를 만들기 위해 필요한 환경목적·목표, 그리고 프로세스도 설정하는 것이군요.

S : 그러면 실시(D)는 무엇인가요?
O : 환경목적·목표, 그리고 프로세스를 실시계획에 기초하여 최고경영자 이하 모든 관련 부문, 계층이 하나가 되어 실시하는 것이지.

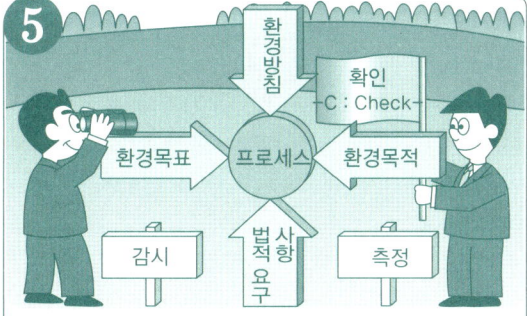

S : 다음으로 확인(C)은 어떤 의미가 있나요?
O : 환경방침, 환경목적·목표, 그리고 법적인 그 외의 요구사항에 맞도록 프로세스를 감시 및 측정하고 그 결과를 보고하는 것이지.

S : 그럼 조치(A)는 어떻게 하나요?
O : 환경경영시스템의 퍼포먼스를 지속적으로 개선하기 위한 조치를 취하는 것이라네.
S : 그 조치를 처음의 계획(P)에 반영하는 것이군요.

7 ISO 14001의 적용 범위가 규정되어 있다

S : ISO 14001 규격의 적용 범위는 어떻게 됩니까?
O : 법적 요구사항, 환경적 측면을 신중히 고려한 환경방침·목표를 결정하고 실시할 수 있도록 환경경영시스템의 요구사항을 규정하고 있지.

S : 조직 내에서도 환경적 측면에 적용이 가능하겠군요.
O : 그렇다고 해서 환경활동에 대한 절대적 요구사항을 규정하는 것은 아니라네.

S : ISO 14001 규격에 적합한 환경경영시스템을 구축한 다음 스스로 ISO 14001 규격에 대한 적합성을 판정하고 사회에 자기선언을 하는 데도 적용가능하군요.
O : 자기선언에 대해서는 외부조직에 의한 확인도 있지.

S : 그리고 심사등록제도에서 정한 심사등록기관의 환경경영시스템의 인증/등록에도 적용가능하겠네요.
O : 일반적으로 이러한 인증/등록에 대한 적용이 많다고 할 수 있지.

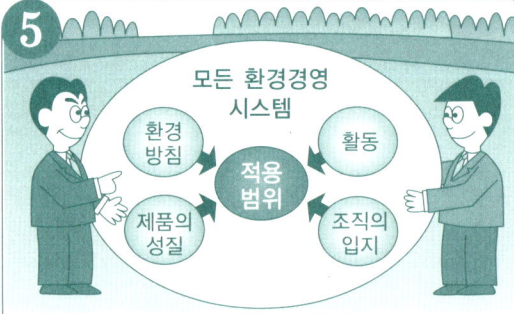

S : 또한, 적용 범위는 조직의 환경 방침, 활동, 제품·서비스의 성질, 조직이 기능하는 입지에 달려있지요.
O : 그래서 요구사항은 어떤 환경경영시스템에도 도입 가능하도록 되어 있다네.

S : 요구사항에서 조직이 무엇을 해야 하는지 구체적으로 이를 만족시킬 수 있는 방법은 무엇인가요?
O : 요구사항을 만족시키는 방법은 자기 조직의 능력을 감안하여 조직실정에 맞게 정해야 하네.

8. 일반 요구사항은 시스템의 확립·개선을 나타낸다

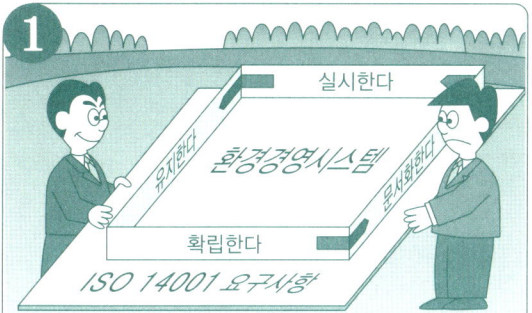

S : ISO 14001 규격 환경경영시스템의 일반 요구사항이란 무엇인가요?
O : 이 규격의 요구사항에 따라서 환경경영시스템을 확립하고 문서화하여 실시 및 유지하게 되지.

S : 결국 규격의 요구사항에 따라 환경경영시스템의 실시 절차를 정하는 것이군요.
O : 그렇지. 절차란 활동 또는 프로세스 실시를 위한 규정된 방법이라 할 수 있지.

S : 환경경영시스템을 개선하는 것이군요.
O : 이 규격은 환경경영시스템을 실시하고 개선하는 것에 따라 그 결과로서 환경활동 내용이 개선되는 것을 목표로 하지.

S : 그렇다면 규격의 요구사항을 어떻게 만족시킬지에 대한 문제를 결정하는 것은 누구인가요?
O : 조직이 어떠한 방법으로 어느 범위까지 만족시킬지를 정하지. 이것은 자주성을 중시하는 것이기도 하지.

S : 다음은 조직환경을 고려한 적용범위를 정하는 것이군요.
O : 적용범위를 정하는 것은 환경경영시스템이 적용되는 조직의 경계를 명확히 하는 것이기 때문에 이를 확실히 하기 위해 문서화 해야 하네.

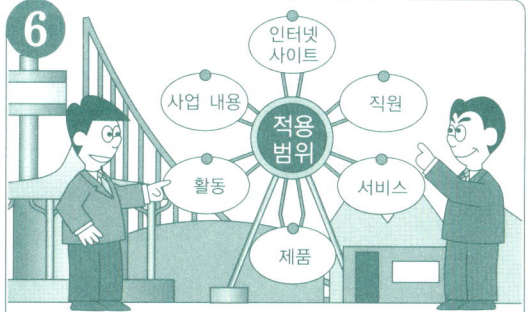

S : 조직에서의 적용범위를 구체적으로 말한다면요?
O : 글쎄, 인터넷사이트, 직원, 사업내용 등이 있겠지. 또 그 효과를 기대한다면 범위가 넓어지면 좋겠지.
S : 조직의 활동, 제품, 서비스도 포함되는 것이겠지요.

9 환경방침은 환경활동의 방향성을 설정한다

S : 환경경영시스템을 구축하려면 우선 무엇부터 시작하면 좋을까요?
O : 글쎄, 최고경영자로부터 전 직원에 이르기까지 조직의 환경방침을 결정하는 것부터 시작하면 되겠지.

S : 그런데 환경방침이란 구체적으로 무엇을 말하나요?
O : 최고경영자에 의해 정식으로 표명된 환경 활동에 관한 조직의 전체적 의도 및 방향성을 말하네.

S : 환경방침은 조직의 행동원칙을 규정하고 있으므로 그 목적, 목표를 설정하는 기틀이 되는 것이군요.
O : 환경방침은 환경경영시스템을 실시하고 개선하는 원동력이기도 하지.

S : 환경방침에는 어떤 일을 포함시키면 좋을까요?
O : 환경영향에 적절한 환경측면에 관한 법적인 요구사항, 그 외의 요구사항 준수와 지속적 개선, 오염예방에 대한 최고경영자의 약속을 의미하지.

S : 환경방침에서는 어떤 문제를 다루면 좋을까요?
O : 예를 들면 제품 설계 시 생산, 사용, 분류에 의한 환경영향을 최소화하거나 오염을 예방하고 폐기물을 감소시키는 것, 재활용 문제 등을 고려해야겠지.

S : 환경방침은 이해관계자들이 이해할 수 있도록 명확히 하고 문서화해 두어야겠네요.
O : 조직의 종업원 또는 위탁·파견·파트 직원, 하청업자들에게도 주지시켜 납득할 수 있도록 해야 하네.

10. 활동·제품·서비스에 대해 환경적 측면을 규정한다

S : 환경방침을 정했다면 다음은 무엇을 하면 좋을까요?
O : 우선 조직 활동이나 제품, 서비스의 환경적 측면을 규정하고 이에 따른 환경영향평가를 실시해야지.
S : 이것이 환경 목적·목표 설정의 자료가 되는군요.

S : 환경적 측면과 환경적 영향이란 무엇인가요?
O : 환경적 측면이란 조직 활동, 제품, 서비스의 요소 중에서 환경과 관련된 요소를 말하며, 그것에 의한 환경적 변화가 환경영향이지.

S : 환경적 측면과 영향의 관계를 구체적으로 말하요?
O : 글쎄, 예를 들어 차량의 정비 활동을 한다면 배출 가스가 환경적 측면이고, 대기 오염을 줄이는 노력이 환경적 영향이라고 할 수 있겠지.

S : 환경적 측면 규정을 위해서는 어떤 절차가 좋을까요?
O : 활동·제품·서비스를 선택하여 그 환경적 측면을 규정하고, 이와 관련된 환경적 영향을 규정하여 각각의 중요성을 평가하는 것이지.

S : 환경적 측면 규정에서는 무엇을 고려하면 좋을까요?
O : 대기 중 방출, 수질계 배출, 토양으로 배출, 폐기물 배출, 에너지 사용, 원료와 천연자원 사용, 그리고 형태·색상·외관 등의 물리적 속성을 고려해야겠지.

S : 환경경영시스템에서의 활동·제품·서비스 조직이 관리할 수 있는 환경적 측면의 규정이군요.
O : 그 외에도 조직이 영향을 미칠 수 있는 환경적 측면도 신규개발과 변경을 고려하여 규정해야겠지.

11 환경영향이 두드러진 환경적 측면을 규정한다

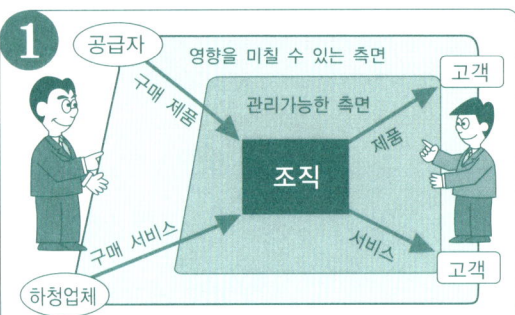

S : 조직이 직접 관리할 수 없지만 영향을 미칠 수 있는 환경적 측면이란 무엇입니까?
O : 공급자·하청업체로부터 구매하는 제품·서비스는 직접 관리할 수 없는 측면이 많다고 할 수 있겠지.

S : 그 외에 어떤 예가 있나요?
O : 글쎄. 원재료·천연자원의 채취 및 운반, 제품 유통·사용·사용 후 처리, 공급자·하청업체의 환경활동, 폐기물관리 등이 있을 수 있지.

S : 규정한 환경적 측면에서 환경에 많은 영향을 주는 환경적 측면을 먼저 결정할 필요가 있겠네요.
O : 지역의 기상 조건, 지하수의 수위, 토양의 종류 등 악영향을 미칠 수 있는 장소를 고려하면 좋겠지.

S : 환경적 측면을 부각시킨 규정을 만들기 위해서는 환경적 영향에 민감한 평가기준이 있으면 좋겠네요.
O : 평가기준으로는 발생 가능성을 나타내는 확률빈도, 그 결과의 심각성과 강도 등이 있겠지.

S : 환경적 측면의 정보는 문서화해 두어야겠네요.
O : 환경적 측면 등록부·리스트, 데이터베이스 등의 형식을 취하면 무난하지.
S : 정보는 정기적으로 검토하고 업데이트하면 되겠어요.

S : 이것은 환경적 측면, 즉 민감한 환경적 측면을 규정하는 절차를 확립하고 실행하는 것이군요.
O : 특히 민감한 환경적 측면은 환경경영시스템의 확립, 실시, 유지 문제를 확실하게 고려해야한다네.

12 법적 및 그 외의 요구사항을 규정한다

O : 환경적 측면과 관련하여 적용 가능한 법령규제요구사항, 조직이 동의하는 그 외의 요구사항을 준수하는 것은 최소한의 의무이지.
S : 환경경영시스템은 이것이 기본이군요.

S : 그렇다면 어떻게 하면 되나요?
O : 조직의 환경적 측면에서 적용 가능한 법적인 요구사항이나 조직이 동의하는 것 외의 요구사항을 규정하고, 관련 부서가 참조할 절차를 확립해야하지.

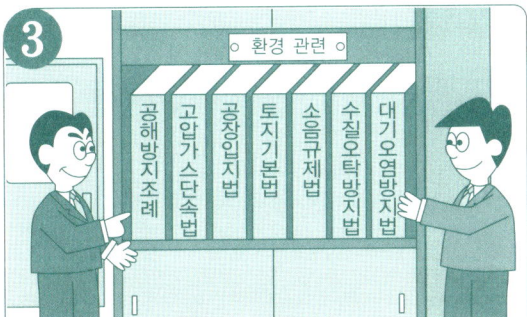

S : 그렇다면 법적인 요구사항이란 무엇인가요?
O : 예를 들면 환경 육서, 관할 지역의 조례, 감독관청의 명령, 재판소의 판결, 허가·라이센스의 허가 등이 있겠지.

S : 그 외의 요구사항에는 어떤 예가 있을까요?
O : 글쎄, 공적 기관·지역 사회 그룹·NGO·고객과의 합의, 업계·조합의 요구사항, 조직 또는 모회사가 공표한 약속 등이 있을 수 있지.

S : 이들 요구사항을 조직의 환경적 측면에 어떻게 적용할 것인가를 결정하는 절차를 확립하는 것이군요.
O : 대기오염방지법을 예로 들면 보일러 설치 신고나 배출 가스 규제가 적용되는 것이지.

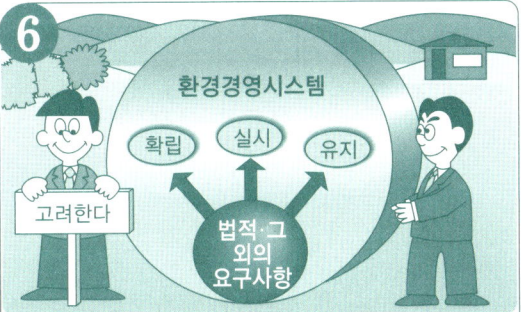

S : 이들 요구사항은 환경경영시스템을 확립, 실시, 유지하기 위해 항상 고려해야겠군요.
O : 목적·목표의 설정, 교육훈련, 준수의 평가 등에서 법적인 요구사항·그 외의 요구사항이 관련되어 있네.

13 환경목적·목표를 설정하고 실시계획을 세운다

S : 환경 실시계획이란 무엇인가요?
O : 조직의 각 부서, 계층, 직무에서의 환경목적과 목표의 달성 방법, 일정, 책임을 명시한 것을 말하네.
S : 어떻게 목적과 목표를 달성하나요?

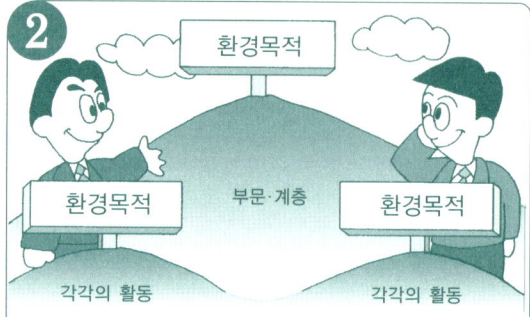

S : 그런데 환경목적이란 무엇인가요?
O : 환경방침에 맞게 할 목표로서, 스스로 설정한 전반적인 환경의 도달점으로 법적·그 외의 요구사항, 주의해야 할 환경적 측면을 고려하는 것이라 할 수 있지.

S : 그렇다면 환경목표란 무엇인가요?
O : 환경목적에서 나온 것으로서, 그 목적을 위해 설정한 구체적 행동요구사항으로 환경목적과 마찬가지로 측정 가능하면 좋겠지.

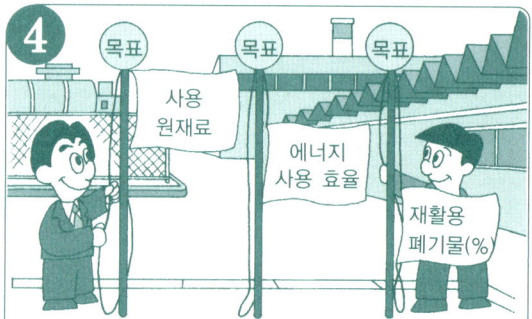

S : 환경목적과 목표는 어떻게 측정 가능한가요?
O : 보통 환경활동지표를 사용하면 좋지. 예를 들면 사용한 원료의 양, 에너지의 사용 효율이나 재활용한 폐기물의 수치(%) 등이 있겠지.

S : 환경실시계획은 어떻게 만드나요?
O : 글쎄. 행동을 우선도가 높은 순으로 규정하면 좋지. 실행해야 할 것은 개별적 프로세스, 제품, 서비스, 입지 내의 시설을 취급하는 것이겠지.

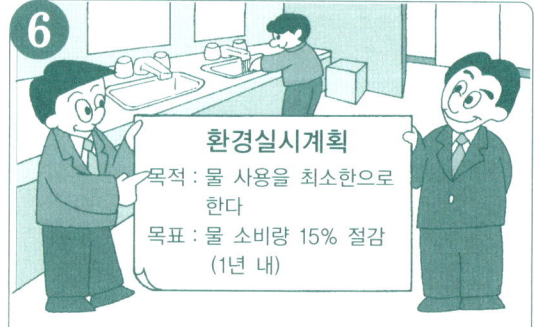

S : 환경실시계획의 구체적인 예로 어떤 것이 있을까요?
O : 목적을 '기술적, 상업적으로 가능한 한 물 사용을 최소한으로 한다'라고 한다면, 목표는 '물 소비량을 1년 내에 15%를 줄인다'라고 설정하면 되겠지.

14 경영진은 자원을 이용할 수 있도록 한다

S : 경영진에게 요구되는 책임은 어떤 것이 있을까요?
O : 여러 가지가 있겠지만, 환경경영시스템을 확립하고 실시·유지하고 개선하기 위해 자원을 확실히 이용할 수 있도록 하는 것이겠지.

S : 어떻게 하면 자원을 이용할 수 있습니까?
O : 자원 이용에 관한 품의제도 등을 만들면 좋다네.
S : 순서에 입각하여 자원이 필요한 부서에서 필요한 경우 신청하여 허가하는 과정이군요.

S : 이용해야 하는 자원에는 어떤 것이 있습니까?
O : 글쎄. 인적자원, 전문적인 기능, 기술, 조직 내 기반 시설, 자금 등이 있겠지.

S : 인적자원이라고 하면 구체적으로 누구를 말하나요?
O : 조직 내 사원은 물론이고, 조직내 시설에서 작업하는 하청업자, 파견근로자 등도 포함되지.
S : 즉, 회사를 위해 일하는 사람들을 말하는군요.

S : 전문적 기능, 기술에는 어떤 것이 있나요?
O : 예를 들면 보일러 등 특정 설비의 운전, 법령 규제에 규정되어 있는 공해 방지 관리, 에너지 관리, 화학 물질 관리, 내부환경감사 등이 여기에 해당되지.

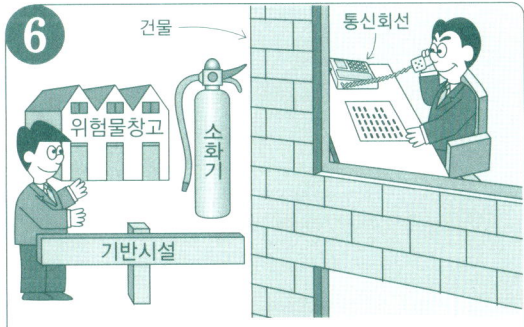

S : 기반 시설에는 무엇이 있나요?
O : 건물, 통신회선, 지하탱크, 배수설비, 위험물창고, 소화·방화 설비, 수전설비 등이 있겠지.
S : 그 외에 자금도 중요하지요.

15 | 환경경영의 역할·책임·권한을 정한다

S : 환경경영시스템을 실시하려면 우선 경영진은 어떻게 하면 좋을까요?
O : 인적자원, 전문적인 기능, 기술, 인프라, 자금 등의 자원을 준비해야지.

S : 그런 다음 최고경영자는 어떤 업무를 하나요?
O : 환경경영시스템의 실행책임자로서 관리책임자를 임명해야 하지. 조직 내 규모에 따라 2명 이상도 가능하지.

S : 관리책임자는 어떠한 책임과 권한이 있나요?
O : 환경경영시스템의 요구사항을 확립하고 실시 및 유지를 책임지게 되지.
S : 관련 업무 전체를 말하는군요. 책임이 무겁네요.

S : 최고경영자와의 관계는 어떻게 규정되나요?
O : 관리책임자는 환경경영시스템의 개선 제안은 물론 기획관리를 위해 최고경영자에게 그 실행 결과를 보고해야하네.

S : 환경경영실시는 어떻게 하나요?
O : 여기에는 환경 부문에 국한하지 않고 조직 내 전 직원의 참여가 필요하기 때문에 각각의 역할, 책임, 권한을 문서화하여 주지시켜 주어야 하네.

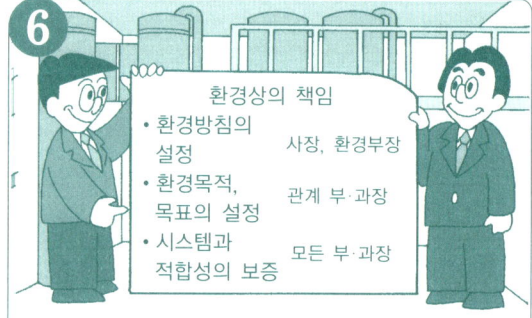

S : 환경상의 책임이라고 하면 무엇이 여기에 해당될까요?
O : 글쎄. 외부 법 규제에 대한 준법성 보증은 관련 부장으로 한다든지, 내부 환경경영시스템의 적합성 보증은 부·과장선으로 규정할 수 있지.

16. 민감한 환경적 측면 작업은 역량있는 사람이 실행한다

S : 조직 내에서 규정하는 민감한 환경 측면이 요구되는 작업은 어떤 사람이 실행하나요?
O : 이러한 작업을 하는 사람은 환경경영시스템의 요구사항을 만족시킬 수 있는 능력이 있어야 하지.

S : 구체적으로 요구되는 능력이라고 한다면요?
O : 역량(능력)이란 지식과 기능을 적용시키기 위해 검증된 능력을 말하며, 적절한 학교 교육과 조직 내의 교육훈련, 그리고 실전 경험 등이 있겠지.

S : 작업을 할 사람의 지식·기능을 규정하고, 필요한 능력을 교육훈련에 의해 몸에 익히도록 하는 것이군요.
O : 적절한 학교 교육, 교육훈련 및 경험에 기초한 역량을 소유하고 있다는 세밀한 관리기록이 중요하네.

S : 환경영향에 민감한 작업장에는 별도의 실행강령같은 것도 필요하겠네요.
O : 작업을 실행하는 사람을 선정할 경우에는 작업에 익숙한 사람을 선택해야 하네.

S : 이 작업을 실행하는 사람은 모두 역량이 있겠네요.
O : 그렇다네. 조직을 위해 일하고 있기 때문에 조직의 종업원뿐만 아니라 하청업체, 파견근무자들도 대상에 포함시켜야 하네.

S : 역량은 종업원 채용 시, 교육훈련 시, 장래의 기능·능력 개발 시 고려하면 좋겠네요.
O : 하청업체·파견근무자의 선정에도 역량은 필요하네.
S : 인적자원이 조직의 근간이니까요.

◀제2편▶ 환경경영시스템이란 무엇인가

17 역량·자각을 위해 교육훈련을 한다

S : 환경관리의 다음 단계로는 어떤 것이 있을까요?
O : 환경적 측면과 환경경영시스템에 대한 교육 훈련의 필요성을 명확히 해야 하네.
S : 규정을 지키지 않으면 환경에 악영향을 주니까요.

S : 명확한 필요성을 인식시키기 위해 교육훈련을 실행하고, 그것을 기록해 두어야 하겠네요.
O : 교육훈련은 조직 내에서 뿐만 아니라 외부에 위탁하거나 적임자를 전환 배치하는 조치 등도 고려할 수 있지.

S : 어떠한 환경교육훈련을 하면 좋을까요?
O : 우선, 간부에게 환경방침 규정과 적응 방법 등에 대해 친숙해질 수 있도록 환경관리에 대한 전략적 중요성을 고취시키는 교육을 해야 하네.

S : 법 준수를 해야 하는 직원에게는 '환경법규를 포함한 법 규제와 그 준수'에 대해 교육하면 되겠네요.
O : 특정 분야의 행동을 개선하려면 환경책임자에게 기능 향상 교육을 하면 되지.

S : 환경방침·절차·규격 요구사항의 중요성, 자신의 업무와 환경과의 관련성, 환경영향 등을 전 종업원과 하청업체에 인식시켜야겠네요.
O : 이를 인식시키기 위한 교육훈련 절차를 확립해야겠지.

S : 긴급사태에 대한 규격 요구사항을 만족시키기 위한 각자의 역할·책임에 대한 인식도 중요하지요.
O : 규정된 순서에서 벗어나면 어떠한 결과가 나올지에 대해 미리 알려두어야겠지.

제3장 • ISO 14001 환경경영시스템을 이해한다

18 내부·외부와 커뮤니케이션한다

S : 커뮤니케이션이란 무엇인가요?
O : 커뮤니케이션이란 양방향 전달을 의미하고, 크게 나누면 내부 커뮤니케이션과 외부 커뮤니케이션으로 구분할 수 있지.

S : 내부 커뮤니케이션 절차의 확립이군요.
O : 내부 커뮤니케이션에는 상위직에서 하위직 또는 하위직에서 상위직 계층 간과 부문 간의 관계가 있지.
S : 하청업체와 공급자에게도 정보를 제공하는군요.

S : 어떻게 내부 커뮤니케이션을 하면 좋을까요?
O : 예를 들면 정례 회의, 합동 위원회, 게시판 등을 통한 알림, 사내보, 전자메일, 웹사이트, 제안상자/제안제도 등 여러 가지 방법이 있지.

S : 이해관계자에 대한 환경적 측면, 환경경영시스템의 커뮤니케이션은 어떻게 하나요?
O : 외부 커뮤니케이션을 접수받게 되면 문서화하여 대응순서를 확립하고 실행하는 것을 의미한다네.

S : 어떻게 외부 커뮤니케이션을 하면 좋을까요?
O : 예를 들면 지역 간 대화·이벤트 참가, 긴급 직통전화, 전자메일, 웹사이트, 조직의 일반 공개, 연차보고서, 신문발표, 광고 등의 방법이 있겠지.

S : 문제는 환경적 측면에 민감한 정보공개를 실행할 것인지 어떤지에 대한 결정이군요.
O : 정보공개의 결정 내용은 문서화하여 그 방법을 확립하고 실시하는 것이라네.

19 환경경영시스템에 필요한 문서류

S : 환경경영시스템의 운용 프로세스나 순서는 문서화할 필요가 있군요.
O : 문서로 관리를 하면 환경목적 달성을 위한 의식 향상, 환경 퍼포먼스 평가에도 도움이 되지.

S : 구체적으로 환경경영시스템 문서라고 하면 어떤 것이 있을까요?
O : 글쎄. 환경방침·목적·목표, 환경경영시스템의 적용범위·주요 요소·이들 관련 문서의 참조 등이 있겠지.

S : 그 밖에 어떤 문서가 요구되나요?
O : ISO 14001 규정이 요구하는 기록문서, 민감한 환경적 측면과 관련된 프로세스 계획·실행에 있어 조직내에서 필요하다고 판단된 기록문서 등이겠지.

S : ISO 14001이 요구하는 문서란 어떤 것이 있나요?
O : 환경적 측면의 정보, 역할·책임·권한·외부에서 또는 외부로부터의 커뮤니케이션, 운용절차, 그리고 감사 정보 등이 있지.

S : 필요하다고 생각되는 문서로는 어떤 것이 있나요?
O : 예로 법규 제 관리규정, 교육훈련규정, 문서관리규정, 내부감사규정, 시정·예방조치 규정 등이 있지.
S : 관련 문서에는 장부류, 제출문서 등도 있겠지.

S : 그 외에도 품질매뉴얼에 해당하는 환경매뉴얼을 작성해야 하나요?
O : 규격에서는 요구하지 않지만 환경경영시스템 체제를 규정하려면 작성해두는 것이 좋겠지.

20 환경경영시스템 문서를 관리한다

S : 문서라는 단어는 구체적으로 어떤 의미를 가질까요?
O : 문서란 정보를 유지하기 위한 매체를 말하며, 그 매체에는 종이, 컴퓨터 디스크, 사진 등이 포함되겠지.
S : 전자 매체라면 갱신·관리·검색이 쉽겠네요.

S : 환경경영시스템 및 ISO 14001에서 필요로 하는 문서를 관리하는 것이군요.
O : 주의해야 할 것은 기록이란 문서의 일종이지만, 문서 관리가 아니라 기록을 관리한다는 점이네.

S : 문서를 관리하는 순서는 어떻게 정하면 좋을까요?
O : 우선, 문서를 발행하기 전에 내용이 적절한지 어떤지를 확인하고 승인해야하지.
S : 어느 문서를 누가 승인할 것인지 결정해 두는 것이군요.

S : 문서는 검토를 필요로 하는군요.
O : 당연하지. 수정하고 재승인 절차를 거쳐야지.
S : 문서를 개정한다면 그 이력을 적어두어야겠네요.
O : 문서관리장부에서 최신판 관리를 하면 편리하지.

S : 문서는 적절한 시기와 적재적소에서 사용가능하도록 관리해야겠네요.
O : 이를 전자 매체로 관리하면 편리하겠지.
S : 문서는 이해하기 쉽고 식별이 편리하도록 해야겠군요.

S : 외부문서도 관리하나요?
O : 필요한 외부문서는 출처를 명확히 하고 배부하지.
S : 폐기문서는 오용 우려가 있으므로 삭제해야겠네요.
O : 폐기문서를 남겨둘 경우, 식별하기 쉽게 해야겠지.

21. 민감한 환경적 측면을 고려하여 운용, 관리한다

S : 환경에 심각한 영향을 주는 활동, 공정, 시설, 설비는 평소에 관리하지 않으면 안되겠네요.
O : 환경적 측면에 관한 운용을 환경방침·목적·목표에 따라 명확하게 계획해야지.

S : 필요로 하는 설비와 공정마다 일상 관리를 위한 운용 절차서를 작성해야겠네요.
O : 절차서에는 운용기준을 기재해야겠지.
S : 현장에서도 절차서대로 작업해야겠네요.

S : 매연을 배출하는 보일러는 어떻게 하면 좋을까요?
O : 우선, 운전관리절차서를 작성해야겠지.
S : 운전기준으로서 연소 시 사용 연료의 유황 함유량, 연소 온도, 산소 농도 등의 범위를 규정해야겠네요.

S : 사용 원재료 등의 물품이나 위탁 업무 서비스 등 환경적 측면에 관한 절차서도 필요하겠군요.
O : 예를 들면 보일러용 연료 구입 기준, 유황분 ○% 이하 등의 정보겠지. 하청의 경우 그 순서를 전달해야하네.

S : 긴급사태나 사고 발생의 경우도 고려해야겠지요?
O : 발생시 대기상 방출, 하천 유출의 우려가 있는 기름, 약품, 고압가스 시설 등의 공정을 명확히 해야지.
S : 긴급사태 대처와 환경영향예방의 절차 결정이군요.

S : 긴급사태나 사고에는 어떤 것이 있나요?
O : 예를 들면 지진으로 기름 저장 탱크가 새는 사고가 발생하여 토양과 하천이 오염되는 일 등이겠지.
S : 흙을 쌓아두어 기름 유출을 막아야겠네요.

22 긴급사태 시 대응준비 절차를 확립한다

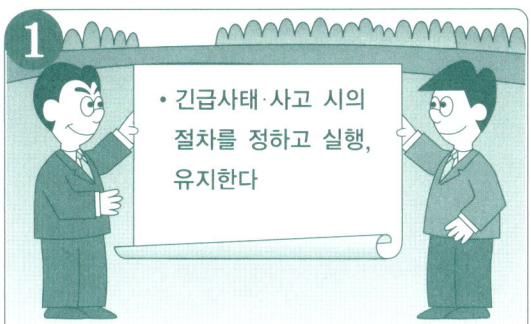

S : 최근 지진, 해일 등의 재해나 사고가 많아요. 이러한 경우 조직 내에서는 어떻게 해야 하나요?
O : 환경에 영향을 줄 가능성이 있는 긴급사태나 사고를 상정하고 이에 대응하는 절차를 확립해야겠지.

S : 여기에서 긴급사태란 화재, 홍수, 화산 폭발, 지진, 해일 등을 말하는 것이겠지요?
O : 그렇지. 사고란 설비·기계의 고장이나 부주의에 의한 운전 실수, 작업 실수에 의한 사고도 포함되지.

S : 순서를 작성할 때에 고려할 점은 어떤 점일까요?
O : 예를 들면 가연성 액체, 저장 탱크, 압축 가스 누출, 사고에 의한 방출 시 취할 대응 등이겠지.
S : 인접한 철도, 도로에서의 사고 가능성도 있겠군요.

S : 만약 실제로 긴급사태나 사고가 발생했다면 먼저 대응해야겠네요.
O : 중요한 것은 이에 따른 유해한 환경영향을 예방하는 일과 이를 완화시키려는 노력이겠지.

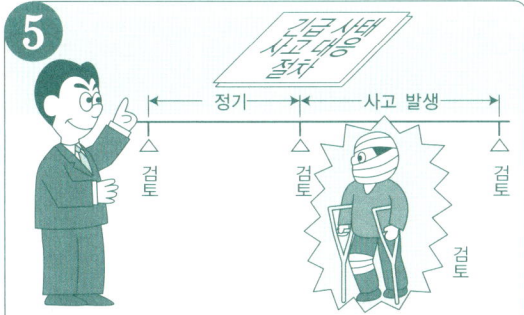

S : 긴급사태 시의 준비, 사고 대응 순서는 검토할 필요가 있군요.
O : 절차는 긴급사태나 사고 발생 시는 물론이고, 정기적으로 검토하여 필요하다면 수정도 해야겠지.

S : 이 절차를 긴급사태나 사고발생 시에 실행하기에는 왠지 불안하겠네요.
O : 그래서 실행가능하다면 이 절차를 정기적으로 테스트 해야 하네. 모의 테스트도 좋겠지.

23 환경영향의 운용특성을 감시·측정한다

S : 환경실시계획에 따른 활동을 평소에 감시하고 측정할 필요가 있겠네요.
O : 이를 위해 운용의 주요 특성을 정상적으로 감시, 측정하는 순서를 확립해야 하지.

S : 우선 환경에 미치는 운용특성을 감시·측정해야겠네요.
O : 예를 들면 부품을 세정하는 경우라면 수질 오염에 대한 민감한 환경영향 우려가 있으므로 유해물질에 대한 특성을 측정해두어야 하지.

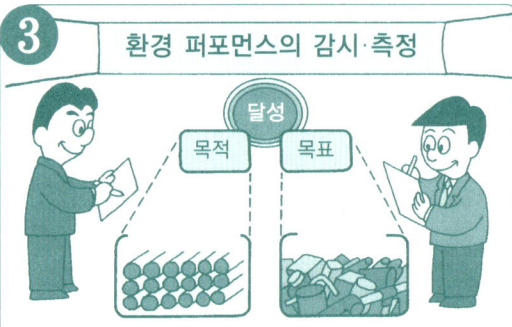

S : 환경 퍼포먼스와 이에 관련된 운용관리, 환경목적·목표의 달성상황을 감시·측정해야 해요.
O : 예를 들면 원재료량, 완성품에서 나오는 폐기물이나 환경 사고 건수, 환경 보호 투자 등을 관리해야겠지.

S : 이러한 환경활동, 환경목적·목표의 달성상황 정보를 문서화하도록 감시, 측정의 수단으로 정해두어야겠네요.
O : 이 정보는 개선을 위한 분석자료로 중요하지.

S : 감시, 측정에 사용하는 기기는 바르게 사용하도록 수정 또는 검증해야만 하겠네요.
O : 물론이지. 그리고 수정·검증 결과 등의 기록을 관리하는 절차도 확실히 정해두어야 하지.

S : 이들의 감시, 측정으로 얻은 결과는 어떻게 관리해야 하나요?
O : 이것은 어떤 운용이 성공했는지, 시정조치 및 개선이 필요한 운용은 무엇인지를 정하기 위한 분석에 사용되지.

제3장● ISO 14001 환경경영시스템을 이해한다

24 | 법적·기타 요구사항의 준수를 평가한다

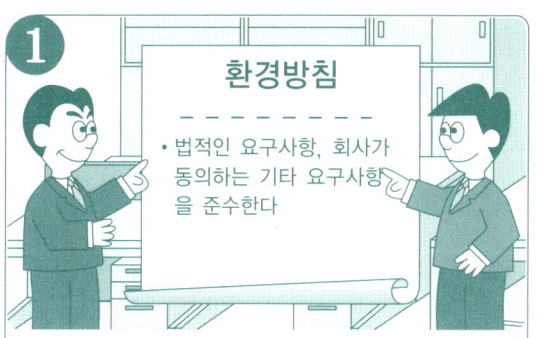

S : 환경방침에서 환경적 측면에 관해 적용이 가능한 법적인 요구사항이나 회사가 동의하는 기타 요구사항을 준수하는 것을 약속하고 있군요.
O : 이는 조직 내에서 기본적인 작업이지.

S : 여기서 적용가능한 법적 요구사항 준수를 정기적으로 평가하는 순서를 확립해야겠네요.
O : 법적 요구사항이란 환경 규제뿐만 아니라 조직의 환경적 측면에 적용되는 법적인 요구사항을 말한다네.

S : 법적 요구사항의 평가에는 어떤 방법이 있나요?
O : 예를 들면 시설 관리·검사, 프로젝트·작업의 검토, 문서·기록의 검토, 평소의 샘플분석·테스트결과, 면담 등이 있겠지.

S : 조직이 동의하는 기타 요구사항 준수를 정기적으로 평가하는 순서도 확립해야 할 필요가 있겠네요.
O : 이 순서는 앞에서 설명한 법적인 요구사항 준수평가의 순서대로 해도 좋고, 다른 순서로도 가능하다네.

S : 기타 요구사항의 평가 결과 기록을 취하는군요.
O : 이뿐만 아니라, 앞에서 설명한 법적 요구사항 평가 결과의 기록도 남겨두어야 하지. 허가·라이센스를 포함한 법적 요구사항의 준수평가가 실증되면 좋겠지.

S : ISO 14001에서는 환경적 측면에 적용 가능한 법적 및 기타 요구사항을 정하고, 환경방침에 따라 이를 준수하고 그 준수 결과를 평가하는 것이군요.
O : 관련 법규준수가 강제적 조항이라네.

25 부적합이란 요구사항을 만족시키지 못하는 것을 의미한다

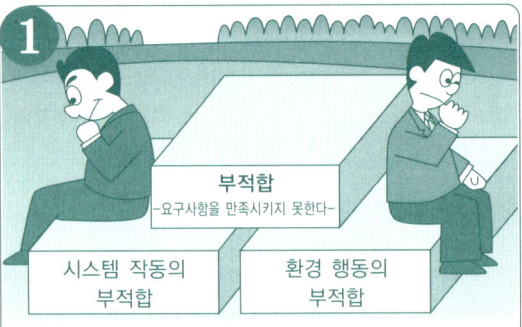

S : 그런데 부적합이란 무엇인가요?
O : 요구사항을 만족시키지 못하는 것으로, 의도한 시스템의 일부가 기능하지 않거나 환경 행동의 요구사항이 만족되지 못하고 있다는 것이지.

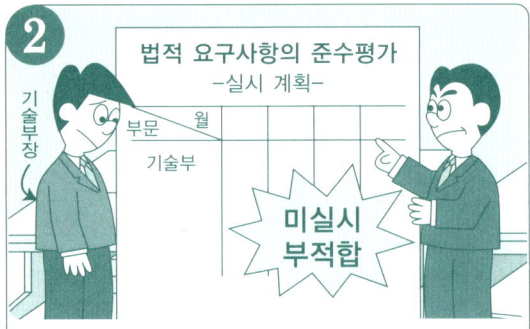

S : 시스템 작동의 부적합의 예로 어떤 것이 있을까요?
O : 예를 들면 환경목적 및 목표달성에 대한 책임소재를 정하지 않아 법적 요구사항 준수에 대한 정기적 평가가 이루어지지 않는다는 점이겠지.

S : 환경대응의 부적합이라고 한다면 어떤 것이 있을까요?
O : 예를 들면 에너지 절감목표가 달성되지 않았거나, 허가내용 등의 운용기준을 만족하지 않았거나, 보수가 예정대로 실시되고 있지 않는 것을 말하지.

S : 그렇다면 부적합의 기준은 어떻게 정하나요?
O : 가장 익숙한 일상 작업 중에서 정하는 것이겠지. 또한, 환경경영시스템에 대한 내부환경감사는 정기적으로 부적합 기준을 정하기 위한 방법이라고 할 수 있지.

S : 부적합 기준을 지정한 다음, 그 원인 규명을 위해 조사를 실시해야겠군요.
O : 그런 다음 부적합 조치에 대처하기 위한 계획을 세우고 해결하려면 어떻게 조치할지 생각하는 것이지.

S : 그리고 이를 시작하려면 무엇을 변경하는 것인지, 재발을 방지하려면 무엇을 해야 할 지 생각하면 되겠네요.
O : 이것들의 현재 및 잠재적 부적합 상황에 대응하기 위한 절차를 정하고 행동하는 것이지.

제3장 ● ISO 14001 환경경영시스템을 이해한다

26 부적합에 대해 시정조치·예방조치를 한다

S : 일상적인 운영관리 기준에서 벗어나거나 환경목적·목표 달성에 차질을 빚는 등의 부적합은 어떻게 하면 좋을까요?
O : 물론, 시정조치와 예방조치를 취해야겠지.

S : 시정조치와 예방조치란 무엇인가요?
O : 시정조치란 발견된 부적합의 원인을 해결하기 위한 조치를 말하고, 예방조치란 일어날 수 있는 잠재적 부적합의 원인을 해결하는 조치를 말하지.

S : 시정조치와 예방조치를 취하기 위한 순서는 어떻게 정해야 하나요?
O : 우선, 부적합 상황을 지정하고 해결과정에서 발생할 수 있는 환경영향을 줄이기 위한 조치를 취해야 하지.

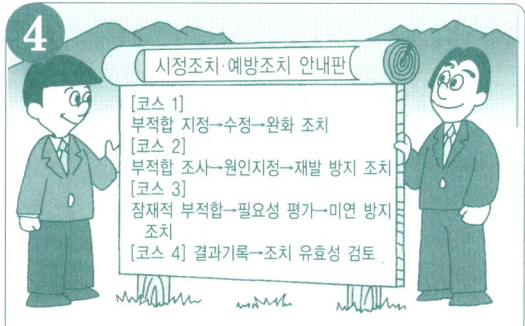

S : 다음으로 부적합을 조사, 분석해서 그 원인을 규명하고 재발 방지의 시정조치를 취하는 것이군요.
O : 부적합 예방조치의 필요성을 평가하고 재발을 막는 적절한 조치를 결정하고 실행하는 것이지.

S : 취한 조치 결과를 기록하고 검토해야겠군요.
O : 이상과 같은 시정조치와 예방조치를 다시 취할 수 있도록 그 절차를 만들어 두어야 하네.
S : 가장 영향이 큰 환경영향에 초점을 맞추어야겠군요.

S : 시정조치, 예방조치 절차서도 유동적일 수 있겠네요?
O : 절차서를 변경할 경우, 그 내용을 기록하고 절차서에 수정 기록을 남기면 되지.
S : 그런 다음 변경된 절차서대로 실시해야겠네요.

27 기록은 요구사항에 대한 적합성을 입증한다

S : 기록은 환경경영시스템·ISO 14001 규격에 대한 만족, 달성 결과를 입증하는 증거로서 작성하는 것이군요.
O : 여기에 필요하다고 판단되는 모든 사항은 기록으로 남겨 두어야 하네.

S : 기록의 식별, 보관, 보호, 검색, 보관 기간, 폐기에 대한 순서를 정해야겠군요.
O : 기록은 이해하기 쉽고, 식별 가능하고, 관련 활동, 제품, 서비스에 대해서도 그 추적이 용이하도록 해야 하지.

S : 적합 기록의 예로는 어떤 것들이 있을까요?
O : 글쎄. 교육훈련의 기록이겠지. 이는 개인별로 기록해 두는 것이 좋지. 여기에는 교육(학력), 훈련 또는 경험에 기초한 능력 등의 기록도 포함시켜야겠지.

O : 여기에는 내부환경감사의 기록도 해당되지.
S : 내부환경감사 보고서로 정리해 두어야겠네요.
S : 최고경영자에 의한 기획 검토 결과에 대한 기록도 포함해서 말이죠.

S : 그 외에 규격이 요구하는 것에는 어떤 것이 있을까요?
O : 감시기기·측정기기의 교정·검증 기록, 법적 기타 요구사항의 준수평가기록, 그리고 시정조치·예방조치 기록 등이 있지.

S : 달성결과 기록의 예로서는 어떤 것이 있을까요?
O : 계획한 환경목적·목표의 달성도를 표시하는 기록, 시스템 실시·운용 기록이 해당되겠지.
S : 필요하다고 판단되는 모든 기록도 포함되겠네요.

28 환경경영시스템을 내부환경감사한다

S : 내부환경감사란 무엇인가요?
O : 환경경영시스템에 대한 감사기준 만족도를 평가하고 그 감사자료를 수집, 객관적 평가가 가능하도록 체계적이고 독립된 문서화 프로세스라고 할 수 있지.

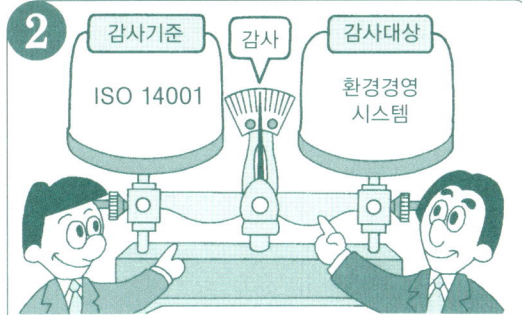

S : 그렇다면 무엇을 감사기준으로 삼나요?
O : 환경경영시스템 감사에는 'ISO 14001(JIS Q 14001)환경경영시스템-요구사항 및 이용안내'를 기준으로 삼고 있지.

S : 환경감사는 어떤 목적으로 이루어지나요?
O : 환경경영시스템의 적합성과 적절한 실시를 판정하고 개선의 기회를 정하는 것이지.
S : 미리 정해 둔 일정대로 실시해야겠군요.

O : 환경감사원의 교육훈련 계획을 세워야 하네.
S : 처음에는 외부 교육 수강이 좋겠네요.
O : 능력있는 적임자를 환경 감사원으로 지정하면 좋겠지.
S : 적임자를 중심으로 감사팀을 짜는 것이군요.

S : 감사기준, 빈도, 방법, 감사계획·실시, 기록의 보관 유지 등 내부감사 절차를 확립하는 것이군요.
O : 환경영향, 전기(前期)까지 감사결과 등을 고려하여 감사 프로그램을 정하고 체크리스트도 작성해야지.

O : 감사 당일은 첫회의를 실시하고, 면담으로 정보를 수집, 평가하여 최종회의에서 보고하는 것이지.
S : 감사결과는 보고서로 정리하고, 부적합은 시정조치를 요구하고 실행을 지원하는 자료 역할을 하네요.

29 | 최고경영자는 기획관리를 실시한다

S : 누가 기획관리를 하나요?
O : 물론, 최고경영자이지. 최고경영자가 환경경영시스템이 지속적이고 적절하며 타당하고 유효한지에 대한 문제를 확실시 하기 위한 검토가 필요하지.

S : 기획관리는 언제 시행하면 좋을까요?
O : 미리 정해둔 기간별로 실행하면 되지. 우리 회사는 기획관리를 회계결산시기에 맞추는 것이 좋겠지.

S : 기획관리에 참여해야 할 사람은 누구인가요?
O : 최고경영자가 혼자서 실행해도 좋겠지만, 회의에는 정보를 제공하는 환경담당스텝, 환경 문제를 운용하는 부서장, 그리고 최고경영자가 참가해야겠지.

S : 이 검토 단계에서는 당사 제품·서비스·활동의 모든 환경적 측면을 대상으로 하면 되겠네요.
O : 환경경영시스템의 개선 기회 및 변경 필요성에 대한 평가를 포함하면 좋겠지.

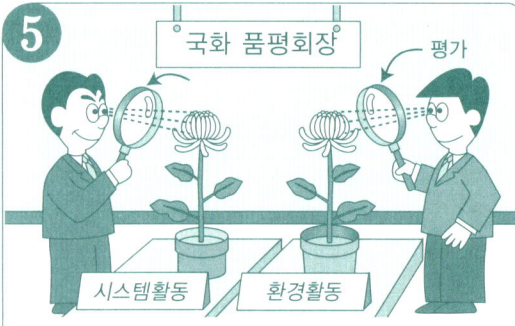

O : 여기에서 말하는 개선 기회를 지정하려면 시스템 프로세스마다 실행과 결과로서의 환경활동을 지속적으로 평가하는 것이라네.
S : 이를 기획관리로 실행하는군요.

S : 관리평가에 대한 기록 형태를 취해야겠네요.
O : 기록은 회의의제, 출석자리스트, 발표자료, 배포자료, 의사록 그리고 최고경영자의 결정·조치 내용에 대한 기재자료를 말하겠지.

30 기획관리는 시스템을 개선한다

S : 기획관리에는 어떤 정보를 포함하면 좋을까요?
O : 내부 감사 결과나 법적인 요구사항, 우리가 필요한 기타 요구사항에 대한 준수평가결과 등이겠지.

O : 환경목적·목표 달성 정보나 환경활동, 조직 구성원의 개선 제안도 있지.
S : 시정조치·예방조치 상황이나 현재까지의 기획관리 결과에 대한 것도 있겠네요.

S : 지역주민 등 외부 이해 관계자로부터의 불만이나 의견을 포함하는 커뮤니케이션도 필요하겠네요.
O : 환경과 관련된 법적 및 기타 요구사항의 변화가 필요한 주변상황도 고려해야겠지.

O : 변화하고 있는 주변상황에는 당사 제품·서비스·활동의 변화나 신규개발에 관한 환경적 측면에 대한 평가 결과 등이 있겠지.
S : 긴급 사태나 사고를 통해 배운 교훈도 있겠지요.

O : 관리검토단계로부터 도출된 결과에는 환경방침, 환경목적·목표변경이나 환경경영시스템에 대한 요소가 반영되지.
S : 최고경영자는 그 결정과 조치를 실행하는 주체군요.

O : 관리검토에는 환경경영시스템의 적절성·타당성·유효성에 관한 결정과 조치가 반영되어야 하고, 이에 대한 시스템을 개선하는 것이지.
S : 물리적·인적·재무적 자원의 사항도 포함되겠지요.

31 | 조직은 지속적 개선을 지향한다

S : 우리 회사의 환경방침에도 지속적 개선에 대한 약속이 명기되어 있는데, 지속적 개선이란 무엇인가요?
O : 지속적 개선이란 요구사항을 만족하기 위한 능력을 향상시키기 위해 반복, 실행하는 활동을 말한다네.

S : 어떻게 하면 지속적 개선이 가능한가요?
O : 지속적 개선은 환경목적 및 목표를 달성하고 환경관리시스템 전체 또는 관련 구성요소를 향상시키는 것으로 완성된다고도 할 수 있지.

S : 지속적 개선에 도움이 되는 정보원에는 무엇이 있나요?
O : 환경목적 및 목표진전 결과, 내부감사 결과, 시정조치나 예방조치 등에서 얻은 경험, 종업원·고객·공급자를 포함한 이해관계자의 견해 등이 있겠지.

S : 개선에는 어떠한 예가 있나요?
O : 폐기물 발생억제를 위한 재료 및 취급과 관련된 종업원의 교육훈련을 위한 일련의 활동 등이 있겠지.
S : 재활용하기 위한 폐수처리 도입도 그 예가 되겠네요.

S : 자료는 양면 복사를 하거나, 사내 용지는 모두 뒷면을 재활용하는 일도 그 중 하나겠네요.
O : 보다 무해한 재료 사용을 위해 새로운 재료를 평가하는 프로세스를 확립하는 것도 그 예라 할 수 있겠지.

S : 운송부문은 가솔린 소비를 억제하기 위해 배송 루트를 재설계하는 것도 그 예라 할 수 있겠네요.
O : 보일러를 관리하는 경우라면 입자 상태의 배출물을 억제하기 위해 환경목적 및 목표를 설정하면 좋겠지.

제3편 경영시스템 감사란 무엇인가

제4장

ISO 19011 경영시스템 감사를 이해한다

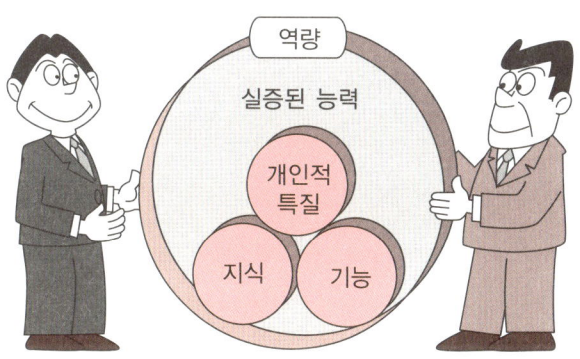

이 장에서는 심사등록기관에 의한 심사(인증/등록) 및 내부감사를 위한 지침인 ISO 19011 : 2002 규격(품질 및/또는 환경경영시스템 감사를 위한 지침)에 기초해 경영시스템 감사에 대해 이해해보자.
(1) ISO 19011 : 2002 규격의 경영시스템 감사에 대해 규격 구성에 따라 만화(일러스트)를 통해 쉽게 설명하고 있다.
(2) 감사종류, 감사원칙, 감사목적, 그리고 감사의뢰자·감사원·피감사자의 관계를 먼저 이해해보자.
(3) 감사 프로그램의 관리, 감사개시, 문서검토, 감사계획의 작성, 그리고 첫회의, 정보 수집 단계에서의 감사소견, 감사결론, 최종회의, 감사보고서, 시정조치까지의 모든 감사활동을 자세하게 설명하고 있다.

1. 감사에는 이러한 종류가 있다

S : ISO 규격에서 감사 지침이 발행되고 있어요.
O : ISO 19011 : 2002 규격, 품질 및/또는 환경경영시스템 감사를 위한 지침이라 할 수 있지.
S : 이 규격은 품질, 환경 모두에 적용되는군요.

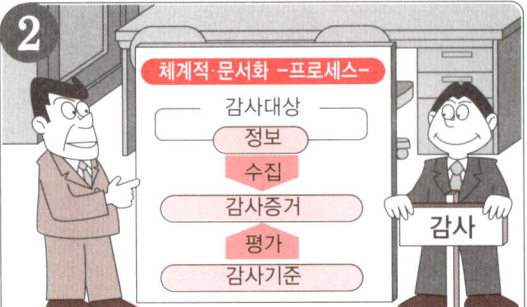

S : 그런데 감사란 어떤 일을 하는 것인가요?
O : 감사기준에 대한 만족도를 판정하기 위해 감사증거를 수집하고 이를 객관적으로 평가하기 위한 체계적인 문서 프로세스를 말한다네.

S : 그런데 감사기준은 어떤 것인가요?
O : 일련의 방침이나 절차서, 요구사항을 의미하지.
S : 그렇다면 감사증거라고 하는 것은 어떤 것인가요?
O : 감사기준과 관련된 검증가능한 기록사실의 기술이지.

S : 감사에는 어떠한 종류가 있나요?
O : 1자 감사는 내부감사라고도 하며, 기획관리 및 그 외의 내부목적을 위해 조직 내에서 운영되는 조직 적합도를 통해 자기선언을 위한 기초가 되는 것이지.

S : 2자 감사는 무엇인가요?
O : 음, 회사에 대한 고객이나 그 조직의 이해 관계자가 실행하는 감사를 말하네.
S : 조직이 공급자를 감사하는 것도 2자 감사겠군요.

S : 3자 감사에 대해서 알려주세요.
O : 심사등록기관이 조직에 대해, 예를 들면 품질 ISO 9001 규격, 환경 ISO 14001 규격의 요구사항 적합성을 인증/등록하기 위해 실행하는 감사라네.

2 감사에는 5가지 원칙이 있다

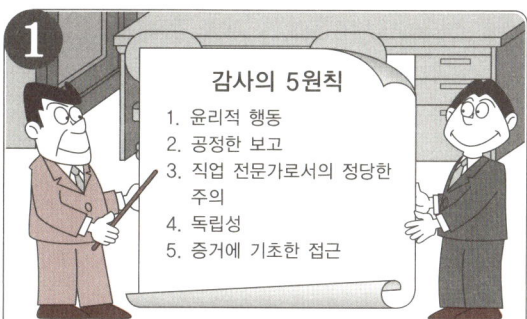

S : 감사를 경영방침과 관리업무를 지원하는 효과적인 방법으로 운영하려면 어떻게 하면 좋을까요?
O : 감사에는 5가지 원칙이 있다네. 감사원에 관한 것도, 감사 그 자체에 관한 것이라네.

S : 감사원에 관한 원칙이라고 하면 어떤 것이 있을까요?
O : 직업전문가로서의 기초인 '윤리적 행동'이라네.
S : 믿을 수 있고, 성실과 기밀의 유지, 분별력에 대한 요소가 감사원에게 요구되는 본질적 사항이겠네요.

S : 감사소견, 감사결론, 감사보고 등을 있는 그대로 정확하게 보고하는 '공정한 보고'도 중요하겠네요.
O : 감사 중 장해요소가 될 수 있는 사항이나 감사팀과 피감사자 사이의 의견 차이도 보고해야 하네.

S : 감사 시 업무의 중요성, 감사의뢰자, 이해관계자 등은 감사원에 대해 신뢰할 수 있는 '직업전문가로서의 정당한 지적자'라는 점을 잊지 말아야겠네요.
O : 감사원의 필요한 역량도 중요한 요소 중 하나지.

S : 감사 그 자체에 관한 원칙은 무엇인가요?
O : 감사원은 감사 대상활동에서 객관적 입장이 되어 '독립성'을 가지고 편중된 이해 충돌이 없어야 하네.
S : 감사의 공평성, 감사결론의 객관성이 기초군요.

S : 체계적 감사 프로세스에서 신뢰성, 재현성의 감사 결론에 도달하기 위한 합리적인 방법이 '증거에 기초한 접근'이 중요하지요.
O : 감사증거는 검증 가능한 것이어야 하지.

3 내부감사는 적합성 검증을 목적으로 한다

S : 그런데 내부감사란 어떤 것인가요?
O : 조직 내에서 설정한 품질방침, 환경방침이 효과적으로 실행되고 있는가를 감시하고 검증하기 위한 관리 수단으로서 실시하는 것이라네.

S : 내부감사는 무엇을 대상으로 감사하는 것인가요?
O : 조직 내부의 품질경영시스템, 환경경영시스템을 대상으로 하는 것에서 경영시스템감사도 그 대상이 되지.

S : 품질경영시스템감사라고 하면 어떤 것인가요?
O : 개별 제품의 실현 계획, ISO 9001 규격의 요구사항, 조직이 정한 품질경영시스템의 요구사항에 대한 적합도를 검증하는 것이라네.

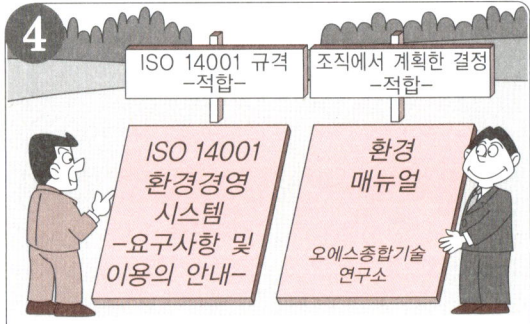

S : 환경경영시스템의 감사라고 하면 구체적으로 어떤 것인가요?
O : ISO 14001 규격의 환경경영시스템 요구사항을 포함하여 결정사항이 적합한지를 검증하는 것이라네.

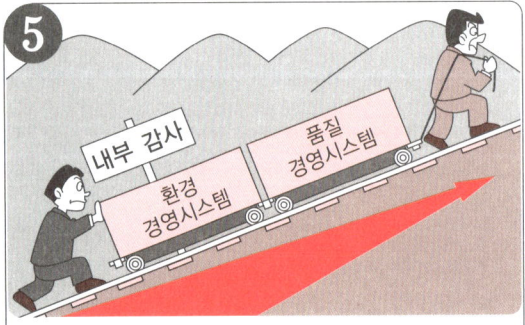

S : 내부감사에서는 품질경영시스템, 환경경영시스템이 효과적으로 실시되고 유지되고 있는가를 검증하는 것도 중요하겠네요.
O : 효과적으로 실시되고 있지 않다면 개선해야겠지.

S : 내부감사의 결과 정보는 어떻게 처리되나요?
O : 기획관리의 기초 자료로서 최고경영자에게 보고하고, 경영시스템의 유효성을 위해 지속적으로 개선해야겠지.

4 감사원·피감사자·감사의뢰자의 관계

S : 내부감사는 어떻게 구성되나요?
O : 내부감사뿐만 아니라 감사는 감사원, 피감사자, 그리고 감사의뢰자로 구성되지.
S : 감사원만이 아니군요.

S : 내부감사의 감사원은 누구라도 괜찮나요?
O : 내부감사를 실행할 역량이 있어야 하지. 역량이란 그 사람의 검증된 개인적 특성, 그리고 지식 및 기능을 적용하기 위한 실증된 능력을 말하지.

S : 여기에서 피감사자라면 구체적으로 어떤 대상인가요?
O : 피감사자란 감사 대상조직을 말하네.
S : 내부감사는 자기 조직 내부의 부서 구성원이겠네요.

S : 여기에서 모호한 부문이 감사의뢰자같은데요.
O : 감사를 요청하는 조직 또는 사람을 말하네. 내부감사에서는 최고경영자가 되겠지만 실질적으로는 감사 프로그램의 관리책임자가 되겠지.

S : 내부감사의 경우, 동일한 조직원이기 때문에 감사의 공평성을 잃지 않으려면 어떻게 해야 하나요?
O : 감사자는 감사대상의 활동에서 독립된 입장이기 때문에 자신의 업무는 감사대상이 되지 않지.

S : 피감사자는 감사원에게 적극적으로 협력해야겠네요.
O : 내부감사에서 자기 조직의 환경·품질경영시스템 개선은 모두 동일한 입장이라네.
S : 피감사자와 감사원은 동등하군요.

5 감사 프로그램을 책정한다

S : 우선 감사 프로그램을 정해야겠군요.
O : 특정 목적에 맞춰 정해진 기간 내에 실행할 수 있도록 계획된 일련의 감사로서, 금년도 내부감사 실시 계획을 책정하는 것도 그 중 하나지.

S : 감사 프로그램의 범위는 어떻게 결정하나요?
O : 감사 프로그램은 감사를 계획하고, 섭외하고, 실시하는데 필요한 일련의 활동을 포함하므로 조직 규모, 성격, 복잡성, 감사빈도에 따라 달라지지.

S : 감사 프로그램의 책임자를 정해야겠네요.
O : 조직 내 비즈니스를 이해하고, 관리능력이 있으며, 감사기법과 감사원의 역량에 정통하고 있어야 하지.
S : 품질·환경관리의 관리책임자가 적임이네요.

S : 감사 프로그램 책임자의 책임·권한은 어떤 것인가요?
O : 감사 프로그램을 책정, 실시, 감시, 검토, 개선하는 것이겠지.
S : 기록을 확실히 유지하는 것도 중요하지요.

S : 감사 프로그램 책임자는 필요한 자원을 지정하고 이들 사항이 확실하게 제공되도록 하는 것이군요.
O : 감사기법의 습득, 감사원의 역량 확보가 필요하지.
S : 계획, 실시, 개선을 위한 재원도 중요해요.

S : 감사원의 역량은 어떻게 확보하나요?
O : 감사원의 개인적 능력, 업무 경험, 감사훈련, 감사경험을 통해 지식과 기능을 습득하지.
S : 감사원의 평가와 전문능력의 개발도 필요하겠네요.

6 감사 프로그램을 실시한다

S : 감사 프로그램을 실시하려면 어떻게 하나요?
O : 관계자에게 감사 프로그램에 대해 연락하고, 감사활동에 대해 조정하고 스케줄을 작성하면 되네.
S : 감사팀을 선정하고 이에 필요한 자원을 제공하는군요.

S : 다음으로 감사 프로그램에 따라 감사하고 감사활동 기록에 대한 관리를 확실하게 실행해야겠네요.
O : 감사의뢰자는 감사원이 작성한 감사보고서를 검토, 승인하고 관계자에게 확실하게 배포하는 것이라네.

S : 감사 프로그램에는 어떤 기록이 필요한가요?
O : 개별 감사에 관한 기록으로서는 감사계획서, 감사보고서, 부적합보고서, 시정·예방조치 보고서, 그리고 필요하다면 지원보고서가 있겠지.

S : 감사원에 관해서는 어떠한 기록이 있나요?
O : 감사원의 역량 유지·향상 및 평가, 실행 평가, 감사팀 선정기록도 필요하다네.
S : 기록은 보관하고 적절히 보호해야겠네요.

S : 감사 프로그램의 목적에 만족하고 있는지 평가하기 위해 그 실시를 항상 관리하고 검토하는 것이군요.
O : 여기에서는 감사팀의 능력, 감사 프로그램 및 스케줄과 일치하는지를 관리하면 좋겠지.

S : 감사 프로그램을 검토할 때에는 감시 결과·경향, 순서와의 적합도, 기록 등을 고려해야 겠네요.
O : 검토 결과에서 감사 프로그램의 시정·예방조치 그리고 개선과 연계하여 고려하는 것이 중요하다네.

◀ 제 3 편 ▶ 경영시스템 감사란 무엇인가

7 감사목적·범위·기준을 명확히 한다

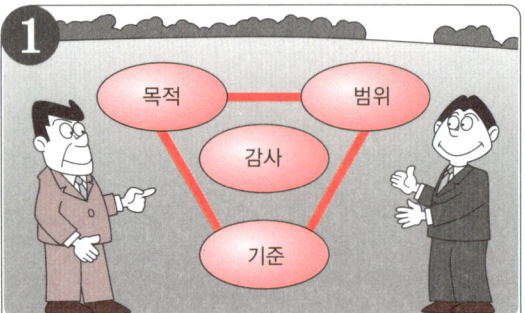

S : 감사 프로그램에 대해서는 이해했는데, 앞으로 어떻게 하면 되나요?
O : 감사 프로그램대로라면 다음 달 감사를 예정하고 있으므로 감사목적, 범위, 기준을 정해야겠지.

S : 감사목적이라면 어떤 것인가요?
O : 감사를 통해 무엇을 얻는지 명확히 하는 것이라네.
S : 감사목적은 누가 정하나요?
O : 물론 감사의뢰자가 정하겠지.

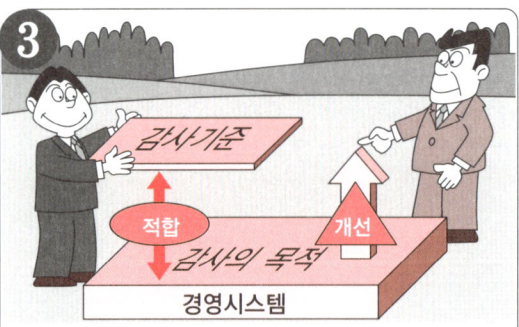

S : 감사에는 어떤 목적이 있나요?
O : 우리 회사의 경영시스템이 감사기준에 어느 정도 적합한지를 판정하고, 경영시스템의 개선 가능성을 지정하기 위함이지.

S : 다음으로 감사범위란 어디까지를 말하나요?
O : 감사가 미치는 영역, 즉 경계를 말하며, 감사대상의 조직 단위, 제품, 사이트, 활동, 감사 기간을 말하지.
S : 감사의뢰자와 팀의 리더가 정하는군요.

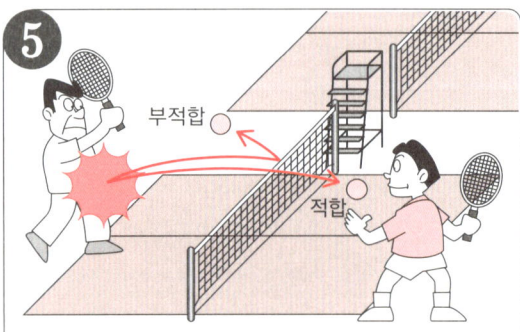

S : 그렇다면 감사기준이란 무엇인가요?
O : 적합판정기준으로서, 예를 들면 경영시스템 요구사항, 방침, 절차, 규격, 법률, 규제, 계약상의 요구사항 등이겠지.

S : 감사기준은 누가 정하나요?
O : 감사의뢰자와 감사팀의 리더가 정하지.
S : 감사의 목적, 범위, 기준을 변경할 경우에는 이들 관계자 사이에서 합의를 해야겠네요.

8 감사팀을 선정한다

S : 감사는 누가 하나요?
O : 일반적으로 감사원으로 구성된 감사팀에서 실행하지.
S : 각각의 감사원은 감사목적을 달성하기 위해 필요한 역량을 고려하여 선정해야겠군요.

S : 감사팀은 감사의뢰자인 감사 프로그램 책임자가 선정하는군요.
O : 감사팀리더도 감사팀 내에서 감사 프로그램 책임자에 의해 지명되지.

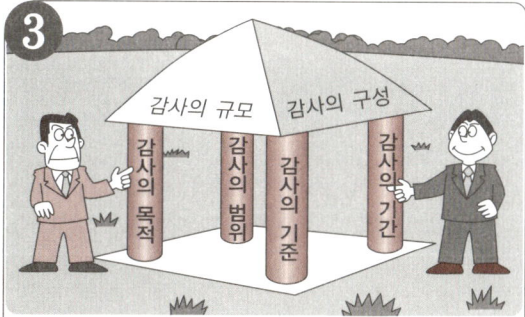

S : 감사팀의 규모와 구성은 어떻게 정하나요?
O : 감사목적, 범위, 기준, 감사기간과 이에 필요한 감사팀 전체의 역량 등에 따라 달라지겠지.
S : 감사대상 활동에서의 독립성 확보도 필요하겠네요.

S : 여기에서 필요한 역량이란 어떤 것이 있을까요?
O : 감사원 특유의 관찰력과 감사에 필요한 지식, 기능을 적용하기 위한 실증된 능력이 있어야겠지.

S : 필요한 지식과 기능을 갖추어 감사팀에 도움이 되도록 감사팀 멤버를 선정해야겠네요.
O : 필요한 멤버가 확보되지 않을 경우 특정 지식, 전문적 기술을 제공하는 기술전문가를 섭외해야겠지.

S : 감사팀에서는 감사원으로서의 역할과 책임을 습득시키는 교육훈련에 감사원도 포함시켜야 하겠군요.
O : 단, 훈련 중인 감사원에게는 감사팀리더가 직접 지휘를 하고, 허가없이 감사를 시키지 말아야 하네.

◀제3편▶ 경영시스템 감사란 무엇인가

9 현지감사 전에 문서검토를 실행한다

S : 현지 감사 전, 감사 프로그램 책임자나 팀의 리더는 피감사자에게 연락해야겠네요.
O : 그렇지. 피감사자의 대표자와 감사에 대한 연락 창구를 정해 감사일정 등을 조정해야겠지.

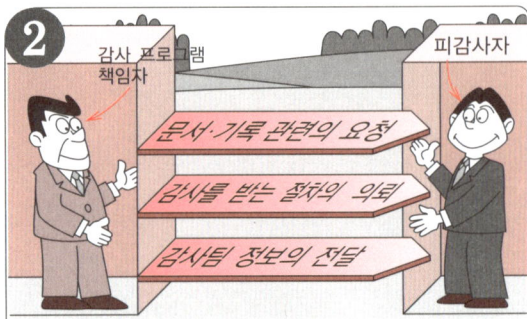

S : 피감사자를 감사하기 전에 연락 문서나 기록을 열람할 수 있도록 준비를 부탁해두어야겠네요.
O : 피감사자에게 감사절차도 알려주어야겠지.
S : 감사팀 구성에 관한 정보도 전달해야겠군요.

S : 피감사자와 감사 실시에 대한 동의를 구했다면, 피감사자의 문서를 검토하면 좋겠네요.
O : 현재, 문서화된 범위 내에서 감사기준에 대한 시스템의 적합성을 판정하지 않으면 안되니까 말일세.

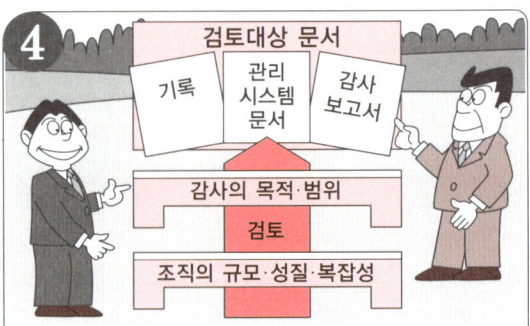

S : 검토문서로는 관리시스템 문서, 기록이나 현재까지의 감사보고서 등이 있어요.
O : 문서검토는 조직 규모, 성질, 복잡성이나 감사목적, 범위를 고려하여 실행해야 하네.

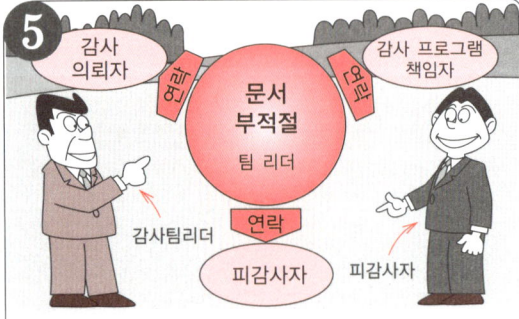

S : 문서가 부적절하다고 판단되면 어떻게 하나요?
O : 감사팀리더는 감사의뢰자, 감사 프로그램 책임자, 그리고 피감사자에게 연락해야겠지.
S : 신속히 연락해야 하겠네요.

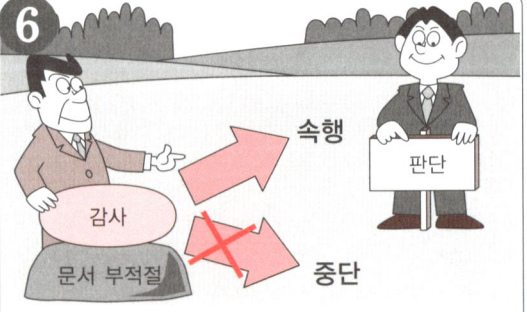

S : 문서의 부적절한 정도에 따라 감사를 속행할 것인가, 문제점이 해결될 때까지 감사를 중단할 것인가를 결정하지 않으면 안되겠네요.
O : 감사에 필요한 재원투입에 대한 결정도 해야겠지.

제4장 ● ISO 19011 경영시스템 감사를 이해한다

10 감사계획을 책정한다

S : 감사 전에 실시하는 문서검토작업이 완료된 후에는 어떻게 하나요?
O : 감사의뢰자, 감사팀, 피감사자들은 감사실시 합의를 위해 감사팀리더가 감사계획을 책정하지.

S : 감사계획은 어떠한 일을 정하는 것인가요?
O : 우선, 무엇을 위해 감사를 실시하는가에 대한 목적, 그리고 적합판정을 위한 감사기준과 그 관련기준 문서를 명확히 해야겠지.

S : 감사범위에서 대상 조직, 부서, 프로세스 등을 지정하는군요.
O : 감사실시일, 그리고 예정시각, 소요시간, 감사실시 장소(사이트)를 명확히 해야 하네.

S : 감사팀리더 및 멤버의 역할과 책임의 명확화, 그리고 피감사자와 대표자를 지정하는 것도 필요하겠네요.
O : 필요하다면 감사보고서의 기재항목 또는 감사에서 얻은 정보의 기밀유지에 관한 사항도 중요하겠지.

S : 감사팀리더가 감사계획을 작성한 후 감사의뢰자가 검토, 승인하는 것이군요.
O : 감사계획서는 감사활동이 시작되기 전에 피감사자에게 제시할 필요가 있다네.

S : 만약 피감사자에게서 감사계획 내용에 대해 이의가 있다면 어떻게 하나요?
O : 물론 감사팀리더, 감사의뢰자 그리고 피감사자 사이에서 합의를 해야겠지.

11 | 1차 회의를 개최한다

S : 당일, 감사는 어떻게 시작하면 좋을까요?
O : 1차 회의에서 감사팀과 감사를 받는 부서 또는 프로세스 책임자가 같은 곳에서 만나 향후 감사에 대해 협의를 해야겠지.

S : 처음에는 자기소개를 위한 자리 마련이겠네요.
O : 내부감사의 출석자들은 동일한 조직 내에서 서로 얼굴을 알고 있으므로 소개는 간단한 것이 좋겠지.
S : 출석자들은 이 기록도 남겨두어야겠네요.

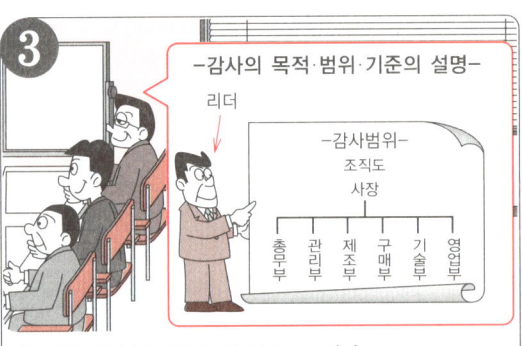

S : 그렇다면 이 회의의 의장은 누구인가요?
O : 감사팀리더가 의장이 되겠지.
S : 여기서 의장인 감사 리더가 감사목적과 범위, 기준을 설명하겠군요.

S : 향후 실행할 감사 시간표와 감사원의 담당을 감사 일정표에 기초해 설명해야겠네요.
O : 이때 최종 회의일정도 확인하면 좋겠지.
S : 시간을 맞출 수 없으면 변경신청을 해야겠네요.

S : 감사의 실시방법이나 순서도 설명해야겠네요.
O : 정보 수집에는 시간이 필요하고 샘플링 작업도 실행되어야하지. 전부를 감사해야 하는 것은 아니니까.
S : 이 때문에 감사에는 불확실성이 있는 것이군요.

S : 감사 중에는 감사팀과 피감사자와의 정식 연락 창구를 정해두는 일과 감사스케줄에서 피감사 대응자 확인도 중요하겠군요.
O : 감사정보의 기밀유지도 확인해야겠지.

12 정보수집에서 감사결론까지의 절차

S : 1차 회의가 끝나면 어떻게 하면 되나요?
O : 감사의 목적, 범위, 기준에 관계하는 모든 정보를 수집하고 검증해야 하네.
S : 이것을 일반적으로 '감사의 실시'라고 하는군요.

S : 그렇다면 정보는 어떻게 수집하나요?
O : 글쎄. 피감사자와 직접 면담하는 것 외에 활동을 관찰하거나, 문서를 조사하는 것이겠지.
S : 감사의 범위, 복잡성에 따라 달라지기 때문이군요.

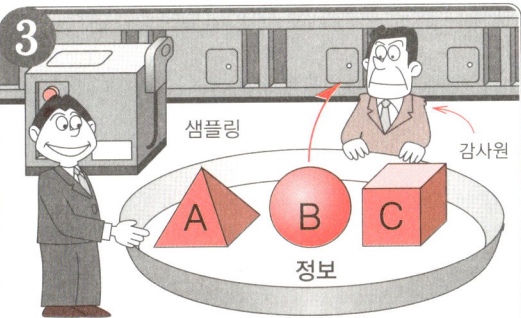

S : 그렇다고 해서 시간 관계상 감사대상의 모든 정보를 수집할 수는 없겠네요.
O : 먼저 입수 가능한 정보부터 샘플링하여 수집하고, 검증 가능한 정보만을 감사자료로 사용하면 되지.

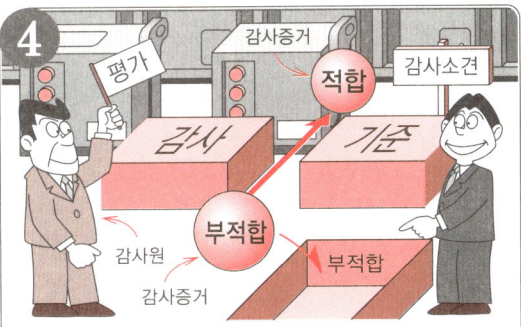

S : 수집한 감사자료가 감사 기준에 적합한지를 평가하여 감사소견을 작성하는군요.
O : 적합도는 감사장소, 부문, 프로세스로 요약하여 개별적 감사소견과 근거로서 기록해야하네.

S : 부적합과 그 근거가 되는 감사증거도 기록하는군요.
O : 부적합은 피감사자에게 확인해 두는 것이 좋다네.
S : 피감사자에게 감사 증거가 정확한지 확인함과 동시에 부적합의 내용을 이해시킬 수 있으니까요.

S : 감사소견을 적합·부적합으로 결론짓기 전 감사팀 내에서 협의하면 좋겠네요.
O : 모든 감사소견을 고려하여 감사목적에 대한 감사팀으로서의 감사결론을 내는 것이지.

◀제3편▶ 경영시스템 감사란 무엇인가

13 감사기준에 기초해 적합성을 검증한다

S : 감사에서는 무엇을 기준으로 판단하나요?
O : 감사기준의 '일련의 방침, 순서 또는 요구사항'에 따라 판단하지.
S : 감사자료와 비교하는 기준이군요.

S : 품질이 감사대상일 경우 감사기준은 무엇이 되나요?
O : 국제규격인 'ISO 9001 규격 품질관리시스템-요구사항-'이 주로 사용되고 있다네.
S : 품질에 관한 규정, 절차서 종류도 기준이겠군요.

S : 환경을 대상으로 하는 감사는 무엇을 기준으로 하나요?
O : 이것도 국제규격의 'ISO 14001 규격 환경경영시스템-요구사항 및 이용의 안내-'가 기준이 되지.
S : 환경 규정, 절차서 종류도 그 기준이 되겠군요.

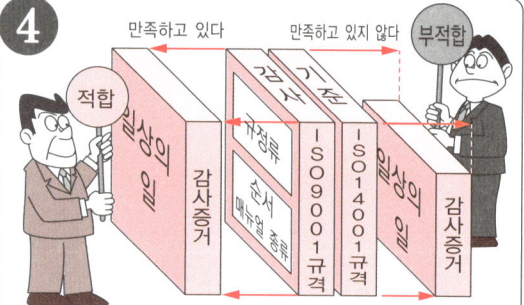

S : 감사기준인 ISO 9001 규격, ISO 14001 규격, 사내 규정, 절차서에 정해진 대로 업무가 이루어지는지를 감사하는 것이군요.
O : 그래서 이것을 '적합성 검증'이라고도 하지.

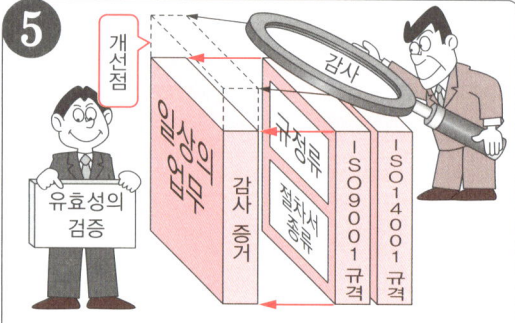

S : 하지만 정해진 것만으로는 발전이 없잖아요?
O : 정해진 규정과 절차서가 정말로 효과적으로 기능하고 있는지, 유효한지를 판단하여 문제점을 발견하는 것이라네. 이를 '유효성의 검증'이라고도 하지.

S : 시스템구축 시는 정해진 대로 일을 하고 있는가에 대한 적합성의 검증을 주로 감사하는 것이군요.
O : 시스템을 운용하고 정착시키기 위해 노력했다면 향후 개선점은 없는지 그 유효성을 검증해야겠지.

14 샘플링에 의해 정보를 수집한다

S : 감사원이 피감사자와의 면담에서 감사자료가 되는 정보를 수집하려면 어떻게 하면 되나요?
O : 피감사자의 실정을 정확히 파악하려면 어디까지나 면담은 감사원이 주도권을 가지고 있어야 하네.

S : 감사원이 주도권을 가진다는 것은 무엇을 의미하나요?
O : 피감사자의 사전 준비자료만을 참조하는 것이 아니라 감사원이 요구할 자료를 지정하는 것이지.
S : 피감사자의 자료는 사전 확인이 끝났으니까요.

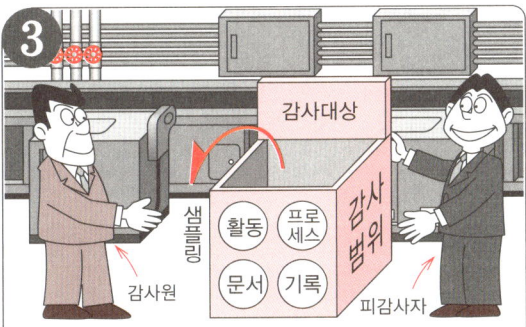

S : 제시를 원하는 자료는 어떻게 지정하면 좋을까요?
O : 감사에서는 시간 관계로 대상활동, 프로세스, 문서, 기록의 모든 것을 보는 것은 어렵기 때문에 감사 대상을 샘플링에 의해 조사해야하네.

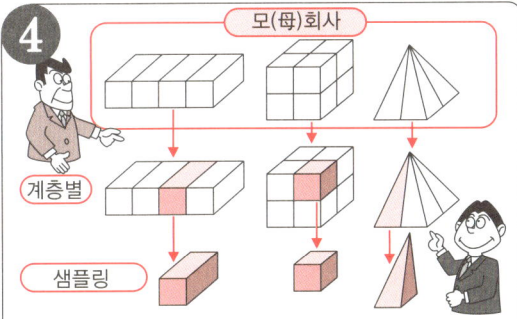

S : 어떻게 해서 샘플링을 하나요?
O : 우선, 목적으로 하는 모회사의 단체를 지정하고, 이를 전체로 가정하고 전체가 균등 조사되도록 계층별로 나누는 계층별 샘플링작업이 필요하지.

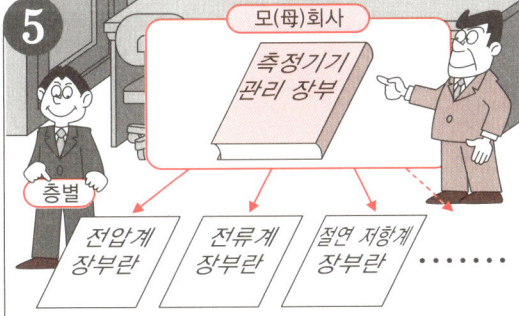

S : 측정기기의 교정기록 조사는 어떻게 하나요?
O : 관리장부가 감사대상 전체의 모(母)회사가 되지.
S : 측정기기를 계층별로 나누는 것은 대장에서 분류하고 있는 전압계, 전류계, 절연 저항계 등이겠군요.

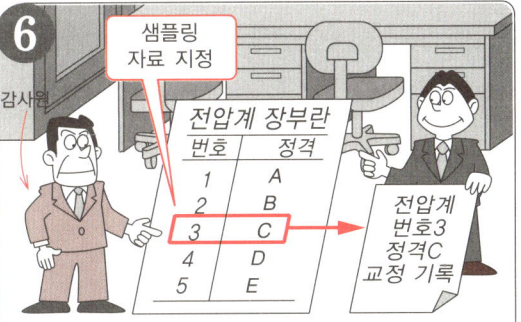

S : 장부에 전압계가 5개 있다면 어떻게 하나요?
O : 그 중 하나의 장부등록심사를 선택하여 샘플로 지정하고, 이 교정기록의 제출을 요구하는 것이지.
S : 그 외에도 같은 방법으로 샘플링하여 지정하는군요.

15 체크리스트에 따라서 질문한다

S : 감사실시에 있어 감사원에게 꼭 필요한 사항이 있다면 무엇일까요?
O : 그것은 피감사자에게 질문하고 경영시스템을 감사하기 위한 정보를 얻어야 한다는 점이네.

S : 감사원이 무엇을 질문할지 그 장소에서 생각하는 것은 어려운데 어떻게 해야 할까요?
O : 감사원은 사전에 확인항목과 질문내용을 기재한 체크리스트를 작성해 두어야 하네.

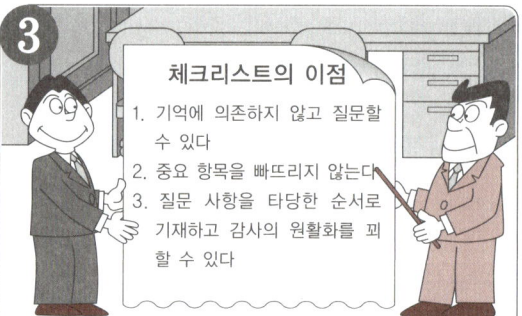

S : 그렇군요. 체크리스트가 있으면 기억에 의존하지 않고 질문할 수 있어서 중요 항목을 빠뜨리지 않겠네요.
O : 사전에 질문항목을 타당한 순서로 기재해 두면 감사가 원활하게 진행되겠지.

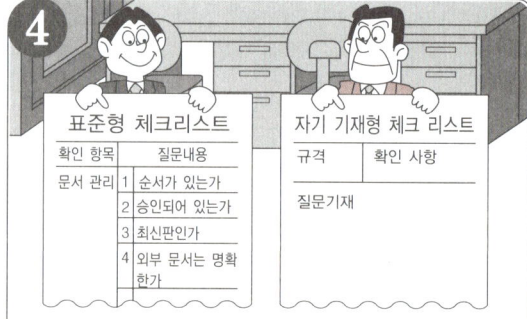

S : 그러면 체크리스트는 누가 작성하는 것인가요?
O : 사무국 등이 사전에 작성하고 확인항목, 질문내용을 기재해 감사원에게 전달하는 표준형과 감사원이 스스로 작성하는 자기기재형 체크리스트가 있지.

S : 체크리스트는 무엇을 기초로 작성하나요?
O : 감사대상이 품질이라면 ISO 9001 규격, 환경이라면 ISO 14001 규격의 요구사항을 기초로 작성하는 것도 하나의 방법이겠지.

S : 체크리스트는 어떻게 사용하면 좋을까요?
O : 체크리스트에 따라 질문을 시작하고 상황에 따라 궁금한 점을 질문하면 되지. 또한, 감사자료를 기록하기 위한 '감사메모'를 준비하면 편리하겠지.

16 | 질문은 세 가지 요소로 구성된다

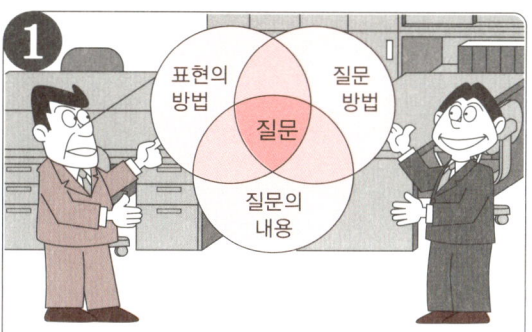
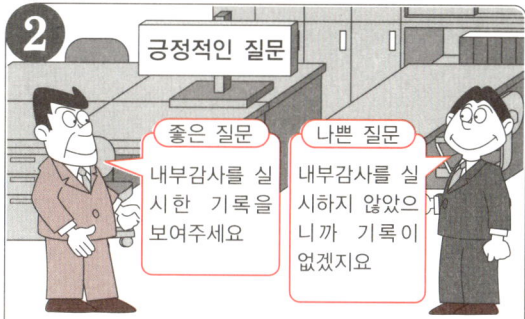

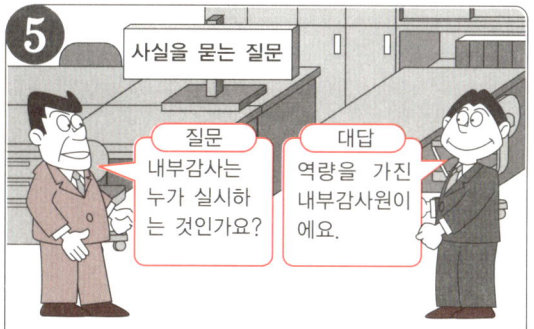
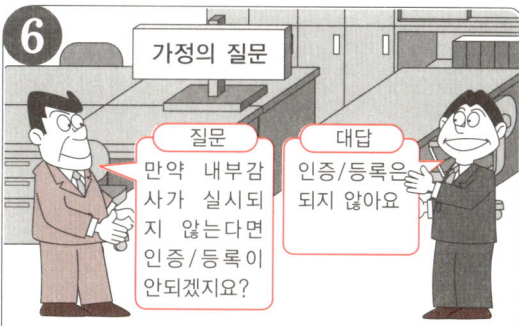

17 감사원은 어떻게 질문하면 좋은가

S : 그런데 감사원은 피감사자와의 면담에서 적정한 대답을 얻으려면 어떤 질문을 하는 것이 좋을까요?
O : 먼저, 어떠한 내용으로 질문을 할 것인가, 또 피감사자의 누구에게 질문할 것인가를 판단해야 하네.

S : 우선, 추상적인 내용이나 범위가 넓은 질문은 피하는 편이 좋겠군요.
O : 구체적인 대답을 얻으려면 정곡을 찌르는 내용으로 피감사자가 올바르게 내용을 이해하도록 해야 하네.

S : 많은 정보를 얻으려면 "잘 모르니 알려주세요", "보여주세요"라고 부탁해야겠네요.
O : 감사원이 피감사자보다 잘 알고 있다는 태도를 취하면 피감사자는 이야기를 꺼리기 일쑤이니까 말이지.

S : 사실을 정확히 이해하려면 직접 실행하고 있는 당사자에게 질문하면 좋겠네요.
O : 그리고 상사, 스텝, 동료에게서가 아니라 질문 상대자에게서 직접 대답을 들어야 하겠지.

S : 담당자에게는 관리자와 거리를 두고 질문하는군요.
O : 관리자 앞에서 담당자에게 질문할 경우 있는 그대로의 대답을 기대할 수는 없으니까.
S : 역시, 상사의 시선은 신경쓰이니까요.

S : 같은 질문을 다른 사람에게 하면, 시스템의 관리, 이해도를 쉽게 알 수 있겠네요.
O : 감사원은 다른 사람에게 논점이 다른 대답을 중점적으로 질문하면 문제점을 명확히 알 수도 있을걸세.

제4장 • ISO 19011 경영시스템 감사를 이해한다

18 감사소견을 작성한다

S : 피감사자와의 면담에서 감사의 목적, 범위에 기초해 감사 기준 정보를 감사증거로 수집했는데, 그 다음은 어떻게 하면 좋을까요?
O : 감사소견을 작성해야겠지.

S : 그런데 감사소견이라고 하면 무엇인가요?
O : 글쎄. 지금까지 수집한 감사증거를 감사기준에 맞도록 평가한 결과를 말하지.
S : 감사팀에서 협의할 필요가 있겠네요.

S : 감사기준이란 ISO 9001, ISO 14001, 품질 또는 환경 매뉴얼, 절차서 등이 있군요.
O : 음, 감사소견은 감사증거가 감사기준에 적합한가 아니면 부적합한가를 판단하는 것이라네.

S : 적합이란 요구사항을 만족한다는 의미겠지요?
O : 감사기준에 적합하다는 것은 감사 장소, 부문, 프로세스를 쉽게 알아볼 수 있도록 하고, 면담 시에 그 근거가 되는 적합한 자료를 메모하여 기록해 두면 좋다네.

S : 부적합이란 요구사항에 만족하지 않다는 의미겠지요?
O : 부적합한 상황도 감사자료로서 기록해두어야 하네.
S : 부적합은 피감사자에게 확인해두면 좋겠네요.
O : 피감사자에게 부적합한 내용을 확인받아야겠지.

S : 만약 감사소견, 특히 부적합에 대해 피감사자의 양해를 얻지 못한 경우에는 어떻게 합니까?
O : 해결하기 위해 모든 노력을 해도 해결하지 못했다면 감사보고서에 기록해두어야겠지.

19 감사결론을 유도한다

S : 감사소견을 작성했다면 그 다음은 어떻게 해야 하나요?
O : 글쎄. 최종회의에 앞서 정해야 하기 때문에 감사팀 내부에서 협의를 해야겠지.
S : 그렇다면 신속히 협의장소를 준비해야겠네요.

S : 우선, 감사소견이 감사목적에 맞도록 검토하면 되겠네요?
O : 그리고 나서 감사 중에 수집한 그 외의 정보도 검토하면 좋겠지.

O : 감사결론에 대해서도 합의해두어야 하지.
S : 감사결론이라고 하면 어떤 것인가요?
O : 감사목적과 모든 감사소견을 고려한 후 감사팀이 낸 감사결론을 말하지.

S : 내부감사에서는 감사결론으로 어떤 것을 다루나요?
O : 글쎄. 경영시스템 감사기준에 대한 적합도와 경영시스템의 효과적 실시, 유지와 개선에 대한 정보 정도겠지.

S : 감사결론에 부적합이 있다면 시정조치나 예방조치의 필요성에 대한 의견을 나타내도 좋겠네요.
O : 이 경우는 시정조치의 완료 및 유효성을 검증하기 위한 지원에 대해 협의하면 좋겠지.

S : 특히, 내부감사에서는 경영시스템에 대한 개선제안도 작성하면 좋겠네요.
O : 감사팀의 개선제안을 받아들일지에 대한 문제는 피감사자가 결정할 일이지.

제4장 ● ISO 19011 경영시스템 감사를 이해한다

20 | 최종회의를 개최한다

S : 감사결론을 얻었으면 어떻게 하나요?
O : 최종회의를 개최해야겠지.
S : 누가 참석하나요? 모이도록 연락하겠습니다.
O : 감사팀, 피감사자, 또 감사의뢰자도 참석해야겠지.

S : 최종회의에서는 누가 의장이 되는 건가요?
O : 물론, 감사팀의 리더겠지.
S : 이 경우, 출석자 리스트를 작성해야겠네요.
O : 의사록도 남겨두어야 하네.

S : 우선 감사목적, 범위, 기준을 재확인해야겠지요.
O : 리더가 감사소견을 총괄하고, 부적합사항은 담당 감사원이 부서, 내용, 감사기준을 기술해야 하네.

S : 감사소견, 감사결론에 관해 피감사자와 의견이 달라 합의를 얻지 못할 경우에는 어떻게 합니까?
O : 가능하다면 협조하여 해결해야겠지만, 그렇지 않을 경우 양자의 모든 의견을 기록으로 남겨두어야 하네.

S : 감사소견, 감사결론에서 피감사자의 합의를 얻었다면, 그 후에는 어떻게 하나요?
O : 부적합이 있다면 시정조치를 요구하고 완료일을 확인해두면 되네.

S : 만약 감사목적으로 규정하고 있는 경우에는 개선제안을 남기는 것이 좋겠네요.
O : 제안은 구속력을 가지지 않아야 하네. 그 채택의 책임은 피감사자에게 있으니까 말이야.

21 감사보고서를 작성한다

S : 최종회의가 끝나면 어떻게 하나요?
O : 감사보고서를 작성해야겠지.
S : 누가 만드나요?
O : 그것은 감사팀리더의 책임이라네.

S : 감사보고서 작성의 목적은 무엇인가요?
O : 감사실시를 기록으로 남겨두고 기획관리의 기초 정보로서 피감사자에게 감사결과를 전달하여 시정조치를 촉진하기 위함이지.

S : 감사보고서의 전문은 감사목적·범위·대상 조직으로서 담당 부서, 프로세스를 구체적으로 나타내는군요.
O : 감사활동을 실행한 일시, 장소, 감사팀 리더, 멤버, 그리고 감사의뢰자도 표기하는 것이 좋네.

O : 리더가 감사소견을 총괄하고 부적합사항은 담당 감사원이 부서, 내용, 감사기준을 기술해야 하네.
S : 그런 다음 감사결론을 제시하는군요.

S : 그런 다음 감사결론을 명기해야겠네요.
O : 적절성, 감사계획, 미해결 사항에 대한 의견 차이, 내용의 기밀성에 관한 기술도 포함하는 것이 좋다네.
S : 감사보고서에는 최종 합의 사항을 남겨두어야겠네요.

S : 감사보고서를 작성한 다음에는 어떻게 하나요?
O : 날짜를 적고 감사의뢰자의 승인을 받으면 되겠지.
S : 감사의뢰자가 지정한 수령자에게 배포해야겠네요.
O : 수령자는 보고서의 기밀유지를 존중해야 하네.

22 감사원은 시정조치에 어떻게 대응해야 하는가

S : 감사소견에 부적합사항이 있으면 어떻게 하나요?
O : 감사보고서에 시정조치 요구·회답서를 첨부하여 시정 조치를 요구하고 그 회답을 기다려야겠지.
S : 감사원이 시정조치 요구서를 작성하는 것이군요.

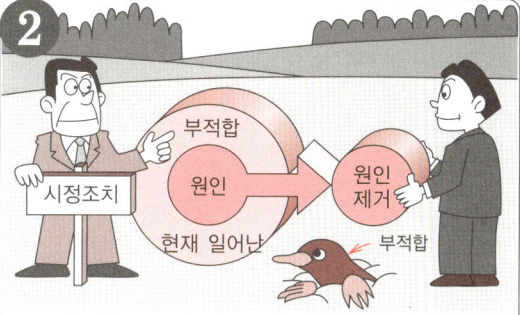

S : 그런데 시정조치란 무엇인가요?
O : 검출된 부적합 또는 그 외의 검출된 바람직하지 않은 상황의 원인을 제거하는 조치를 말하겠지.
S : 현재 발생한 부적합사항의 원인을 해결하는 것이군요.

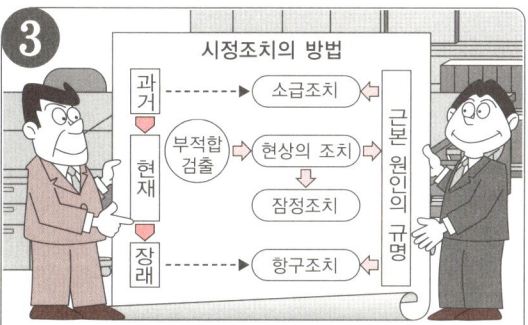

S : 그러면 시정조치는 어떻게 하나요?
O : 현시점에서 부적합한 사항을 시정하려는 조치를 하고, 당면한 잠정조치를 하고, 근본원인을 규명하여 장래의 항구조치, 과거의 소급조치를 해야 하네.

S : 그러면 시정조치를 취할 책임은 누구인가요?
O : 피감사자는 자기 부서의 부적합사항에 대해 자체 시정조치를 생각하고 그 해결책을 마련할 책임이 있지.
S : 경우에 따라 감사의뢰자와 관련되는 경우도 있겠군요.

S : 감사원은 시정조치에 대해 어떻게 대응해야 하나요?
O : 내부감사에서는 감사원도 피감사자와 같은 조직에 속하므로 시스템개선에는 같은 입장이기 때문에 시정조치요구를 만족시키기 위한 조언을 해야지.

S : 감사원은 피감사자에게 조언을 강요하지 않아야겠네요.
O : 심사등록기관의 제3자 심사에서는 시정조치를 요구할 수는 있어도 조언을 해서는 안되네.
S : 조언을 하게 되면 외부 컨설팅 성격을 띠게 되니까요.

23 시정조치는 적극 지원한다

S : 감사팀이 제시한 부적합한 사항에 대해 피감사자가 시정조치를 완료했다면 어떻게 해야 하나요?
O : 감사원은 취한 시정조치를 검증해야겠지. 이 지원 작업으로 감사업무는 종료되지.

S : 지원은 구체적으로 어떻게 하나요?
O : 세 가지 방법이 있지. 첫 번째는 시정조치 실시를 다시 감사하는 지원감사라네.
S : 중요한 부적합의 경우겠군요.

S : 지원감사는 누가 실행하나요?
O : 전회(前回) 감사에서 부적합을 검출한 감사원이 좋겠지.
S : 감사대상은 부적합의 시정조치만이 아니지요?
O : 지원감사의 특징이 바로 거기에 있다네.

S : 두 번째는 어떤 방법입니까?
O : 시정조치 실시의 완료 증거를 받는 것이라네.
S : 어느 것이 증거가 되나요?
O : 수정된 문서나 실시를 나타낸 기록 등이 있겠지.

S : 세 번째는 어떤 방법인가요?
O : 차회(次回)의 감사, 예를 들면 정기감사 때 시정조치의 실시와 유지를 확인하는 것이지.
S : 감사는 연속되는 것이군요.

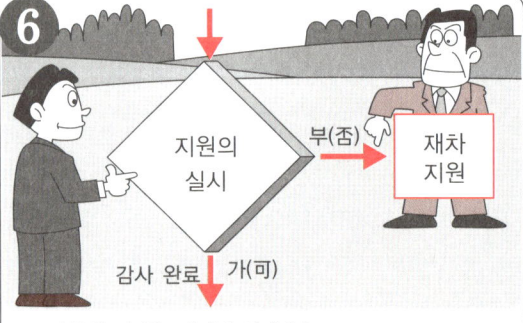

S : 지원한 결과는 어떻게 하나요?
O : 감사의뢰자에게 보고해야 하네.
S : 시정조치의 실시가 불충분하다면 어떻게 하나요?
O : 다시 한번 시정조치를 취해 지원해야겠지.

제3편 경영시스템 감사란 무엇인가

제5장

ISO 14001 환경경영시스템의 내부환경감사를 이해한다

이 장에서는 조직 내에서 구축된 환경경영시스템이 ISO 14001 : 2004 의 요구사항에 적합한지를 검증하기 위한 내부환경감사에 대해 알아보자.
(1) 환경경영시스템의 내부환경감사란 어떠한 것인가를 이해하고, 내부환경 감사 시스템을 확립하는 것부터 시작해보자.
(2) 감사팀을 편성하고 내부환경감사 실시를 위한 계획을 세우자.
(3) 내부환경감사의 당일, 첫회의, 정보의 수집, 최종회의를 어떻게 실행하는 가에 대해 자세하게 설명하고 있다.
(4) 내부환경감사 보고서의 작성 방법, 부적합사항의 시정조치에 대해 감사원 의 역할과 책임을 확실히 이해하자.

◀제3편▶ 경영시스템 감사란 무엇인가

1. 내부환경감사란 어떤 것인가

S : 그런데 내부환경감사란 무엇인가요?
O : 조직의 환경경영시스템이 계획대로 실시되고 있는가를 조직 내에서 스스로 판정하는 일이지.
S : 환경목적과 목표의 달성을 검증하기 효과적이겠네요.

S : 우선 어떻게 하면 되나요?
O : 감사 프로그램 책임자를 지정하고, 내부환경감사 규정이나 내부환경감사 연도계획을 작성하면 되지.

S : 내부환경감사 당일은 무슨 업무부터 시작하나요?
O : 우선, 감사를 효과적으로 진행하기 위해 감사측과 피감사측 양자가 첫회의를 열어 감사의 목적, 범위, 스케줄 등을 확인해야겠지.

S : 정보수집을 위한 감사는 어떻게 하는 것인가요?
O : 피감사자와의 면담을 통해 환경경영시스템에 관한 문서와 기록을 감사하고, 환경관련의 작업현장과 설비를 점검하고 활동상황 등을 감사하는 것이지.

S : 감사증거를 평가해야겠네요?
O : 부적합한 사항을 주요 의제로 지적하고 개선하는 편이 좋겠다고 추천사항으로 제시하면 좋겠지.
S : 이를 최종회의에서 피감사자에게 보고하는 것이군요.

S : 감사소견과 결론은 보고서에 정리해두어야겠네요?
O : 그리고 부적합사항에 대해서는 시정조치를 피감사자에게 요구하여 그 실시를 지원해야 하네.
S : 이것을 감사사이클이라고 하지요.

2 내부환경감사시스템을 확립한다

- S : 감사사이클에 대해서는 이해했는데, 다시 한번 자세히 알려주시면 고맙겠습니다.
- O : 앞으로 내부환경감사시스템을 도입하려면 어떻게 하면 좋을지에 대한 것이지.

- O : 우선, 경영진이 내부환경감사의 도입 결의를 조직 내에 주지시키고, 철저히 그 필요성을 각인시켜야지.
- S : 환경경영시스템 구축의 결의대회에서 함께 실행하고 강한 결의를 전달하면 좋겠네요.

- O : 다음으로 내부환경감사 조직을 구축해야겠지.
- S : 경영진은 감사 프로그램 책임자와 사무국을 결정하고 그 역할, 기능을 명확히 해야겠군요.
- O : 감사 프로그램 책임자는 관리책임자가 적당하지.

- O : 내부환경감사를 계획하고 실시하기 위한 절차를 문서화하는 것이 필요하다네.
- S : 관리책임자는 내부환경감사 규정을 작성하고 책임·권한을 명확히 하기 위한 것이군요.

- S : 내부환경감사는 정기적으로 실시하기 위한 감사프로그램의 하나로서, 연도계획을 세워야겠네요.
- O : 연도계획을 세우는 방법으로는 부서별, 테마별 등이 있는데 각각 연 1회 정도가 적당하지.

- O : 내부환경감사 시 작업문서를 준비해야 하네.
- S : 환경감사원의 감사인 경우 사용되는 체크리스트나 결과를 보고하기 위한 내부환경감사 보고서, 시정조치 요구·회답서의 양식을 정하는 것이군요.

3. 내부환경감사팀을 편성한다

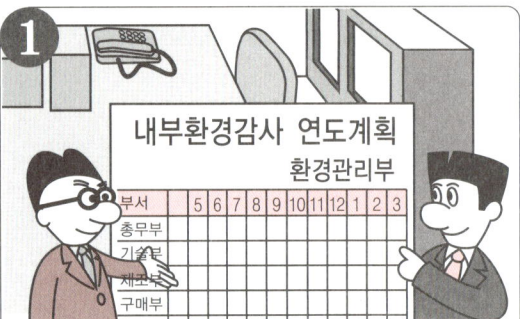

S : 연도계획에 따르면 다음 달 내부환경감사를 실시하도록 되어 있는데, 어떻게 하면 좋을까요?
O : 다음 달 내부환경감사의 당일 어떻게 감사를 실시할 것인지 구체적 계획을 먼저 세워야하네.

S : 우선 무엇을 하면 좋을까요?
O : 음, 감사 프로그램 책임자가 다음 달 환경감사 실시를 위해 특정의 내부환경감사원을 적임자 등록 명부에서 선택하여 의뢰해야겠지.

S : 환경감사원은 모두 사내에 등록되어있지요?
O : 역량 있는 적임자를 환경감사원에 등록해 두어야겠지.
S : 그런 다음 교육·훈련 계획을 세워 외부의 내부환경감사원 양성코스를 수강시켜야겠네요.

S : 환경감사원은 감사대상이 되는 환경 제반 활동으로부터 독립되어 있는 사람을 선택해야겠네요.
O : 환경프로그램 책임자는 감사팀을 편성하고 그 중에서 팀리더를 한 명 지명하는 것이라네.

S : 감사팀리더는 어떤 역할을 하나요?
O : 감사팀리더는 감사 당일 환경감사를 실시하기 위한 모든 책임과 권한을 가지게 되지.
S : 이를 감사의 독립성이라고 하는군요.

S : 감사팀멤버는 어떤 역할을 하나요?
O : 감사팀멤버는 감사요구사항에 따라 객관성을 가지고 감사를 실행하고 감사팀리더에게 협력하고 도와주는 역할을 한다네.

4 내부환경감사의 개별 실시계획을 세운다

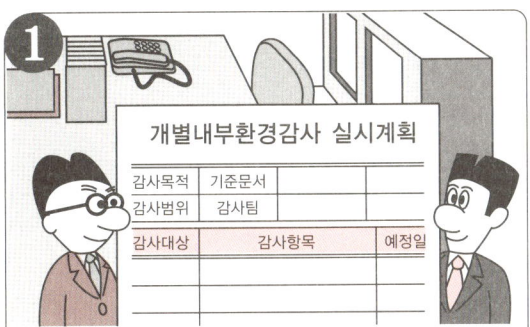

S : 다음 달 내부환경감사 당일 어떻게 할 것인가에 대한 환경감사팀의 편성에 대해서는 이해했는데, 그 다음은 무엇을 하면 좋을까요?
O : 개별내부환경감사 실시계획을 작성해야 하겠지.

S : 실시계획은 감사팀리더가 세우는군요.
O : 감사목적·범위·기준은 관리 책임자가 정하지.
S : 이번에는 심사등록기관의 제1단계 심사기준이므로 공장 전체의 환경매뉴얼이 그 기준이 되겠네요.

S : 팀멤버들에게는 감사작업을 할당해야 하겠군요.
O : 부서별 할당, 요구항목별 할당, 기능활동별 할당 등 감사대상에 따라 적당히 결정하면 되겠지.
S : 이것으로 감사일정 스케줄표를 만드는군요.

O : 팀리더는 팀멤버들의 감사가 원만하게 진행되도록 필요한 작업문서를 준비해야지.
S : 아, 환경감사체크리스트, 내부환경감사보고서, 시정조치요구·회답서를 말하는군요.

S : 개별내부환경감사 계획서가 완성되면 환경감사팀과 사전 협의를 할 필요가 있겠군요.
O : 팀리더는 팀멤버들에게 환경감사실시계획서의 내용을 설명하고 동의를 구해야겠지.

O : 실시계획은 팀 멤버들의 동의를 얻고 관리책임자의 승인을 받으면 피감사자에게 통지해야지.
S : 이렇게 사전에 통지를 하면 피감사자는 충분히 준비할 수 있겠네요. 이것을 예고감사라고 하는군요.

제3편 ▶ 경영시스템 감사란 무엇인가

5. 첫회의에서는 감사계획을 서로 확인한다

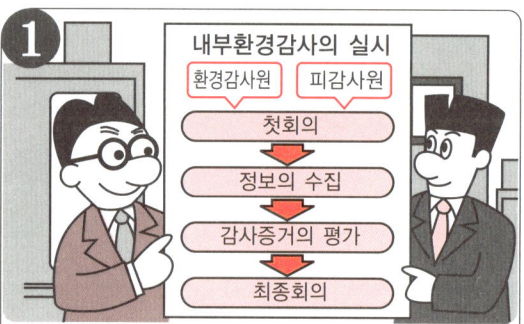

S : 당일 환경감사는 어떠한 순서로 진행하나요?
O : 우선 회의를 거쳐 정보를 수집·조사하고, 감사증거에 대한 적합성을 평가하여 그 결과를 최종회의에 보고하면 되겠지.

S : 그런데 첫회의는 어떤 의미를 가지나요?
O : 내부환경감사에 맞추어 감사팀과 피감사자와 관리자가 한자리에서 만나, 감사계획을 확인하고 감사를 효과적으로 진행하기 위한 회의지.

S : 회의장소에서는 책상에서 마주 보도록 하는 편이 좋겠네요.
O : 팀리더가 주로 의사를 진행하고, 시간도 정보수집을 시작하기 전 10~15분 정도가 적당하겠지.

S : 우선 감사팀과 피감사자의 인사부터 시작하겠지요.
O : 다음으로 감사팀리더가 감사의 목적, 범위, 감사기준을 피감사자에게 재확인시켜 주어야겠지.
S : 이 사항은 감사통지서를 통해 알려주었겠네요.

S : 팀리더는 감사일정스케줄에서 일시와 각 감사원의 역할분담을 설명하면 좋겠군요.
O : 피감사자는 각 감사원 대응자를 지정해야 하네. 조직의 수준으로 평가받을 수 있다는 점을 유의해야 하네.

S : 장소의 안정성도 다시 확인하면 좋겠네요.
O : 최종회의에서도 초기의 피감사자 멤버들이 참가해야 하기 때문에 일시와 장소를 확인해두어야 하네.
S : 피감사자의 감사참가를 적극 유도하기 위해서군요.

제5장 ● ISO 14001 환경경영시스템의 내부환경감사를 이해한다

6 감사원이 주도권을 가지고 정보를 수집한다

S : 정보 수집 단계에서는 무엇을 중요하게 보는가요?
O : 환경경영시스템이 확립되고 있는가, 문서대로 실시되고 있는가, 실시를 객관적으로 증명할 수 있는 기록이 있는가 등의 사항이겠지.

S : 정보수집방법의 기본은 무엇인가요?
O : 감사에서 정보수집은 중요한 작업이므로 절차서, 즉 내부환경감사 규정에 기초하여 실행해야하네.
S : 개별 내부환경감사 실시계획서에도 따라야겠네요.

O : 감사는 환경감사원이 주도권을 갖고 실행해야하네.
S : 피감사자가 미리 준비한 자료, 정보를 보고 듣는 것이 아니라 환경감사원이 요구하는 자료로 질문하고 의도하는 정보를 얻는 것이군요.

O : 사실에 기초하고 '감사증거'에 의한 '감사기준'에 대해 적합한가 부적합한가를 판정하는 것이지.
S : 부적합사항은 피감사자의 확인을 받아야겠네요.
O : 이것을 '사실확인'이라고 하지.

O : 환경감사원은 감사증거를 기록해 두어야 하네.
S : 특히, 부적합한 사항은 감사메모로서 다시 재현할 수 있도록 그 내용을 기록해 두어야겠네요.
O : 부적합사항과 적합 내용에 대한 기록도 남겨야겠지.

S : 정보수집에서 환경감사원으로서의 마음가짐은요?
O : 글쎄. '왼손에 규정서, 오른손에 펜, 그리고 두 눈으로 보고, 두 귀로 듣는다'는 마음가짐이겠지.
S : 기준 입수 후 상대와 주위에서 정보를 얻는군요.

◀제3편▶ 경영시스템 감사란 무엇인가

7 감사에는 문서감사와 현장감사가 있다

S : 내부환경감사에서 환경감사원은 정보수집을 어떻게 하면 좋을까요?
O : 정보수집은 아무래도 피감사자와의 면담을 통한 활동상황 관찰이 그 기준이 되겠지.

S : 활동상황을 관찰하려면 어떻게 하면 좋을까요?
O : 피감사자의 환경경영시스템에 관한 문서감사와 점검에 따라 그 실행을 확인하는 현장감사가 자동차의 바퀴 역할을 한다고 할 수 있겠지.

S : 그렇다면 문서감사는 어떻게 하나요?
O : 환경 감사원이 환경매뉴얼, 운용절차서, 그리고 환경기록에 따라 감사기준에 대한 규정내용의 적합성과 검색성을 감사하는 것을 말하지.

S : 문서감사의 문서와 기록에는 어떤 것이 있나요?
O : 환경매뉴얼, 환경목적, 목표달성을 위한 실시계획, 교육훈련절차서와 교육훈련기록, 운용활동의 감시절차서와 측정기록 등이 있겠지.

S : 그렇다면 현장감사는 어떻게 하나요?
O : 환경감사원이 환경관련의 작업현장, 설비, 시설을 점검하고, 환경경영시스템의 문서대로 작업, 조작이 이루어지고 있는가를 감사하는 것이지.

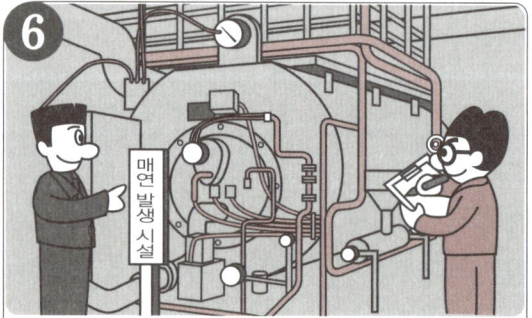

S : 현장감사의 예로 어떤 것이 있을까요?
O : 매연발생시설 내의 매연량이나 특정시설의 화학적 산소 요구량 측정 시 기술자의 절차서에 기초한 시료 채취를 감사하는 것이지.

8 정보수집은 샘플링으로 실행한다

S : 내부환경감사에는 시간이 한정되어 있으므로 감사대상의 활동, 문서, 환경기록의 모든 것을 감사할 수는 없을 것 같은데, 어떻게 하면 좋을까요?
O : 미리 감사대상을 선정하여 샘플링 과정을 거쳐야 하네.

S : 샘플링 방식은 어떻게 하는 것인가요?
O : 환경경영시스템 요소 중 전체를 대표하는 특정 수의 활동이나 제품, 서비스, 문서, 환경기록을 선정하여 샘플로 지정하는 것이지.

S : 환경감사원 자신이 감사할 활동이나 제품, 서비스, 문서, 환경기록을 지정하는 것이군요.
O : 이에 따라 감사 대상 전체의 적합성을 판단하는 것이지.
S : 피감사자가 사전에 준비한 것은 아니군요.

S : 그렇다면 어떻게 샘플링하나요?
O : 우선 환경감사원은 결과의 도출 대상 전체인 모집단을 식별해야 하네.
S : 모집단으로는 장부, 리스트 등이 적당하겠네요.

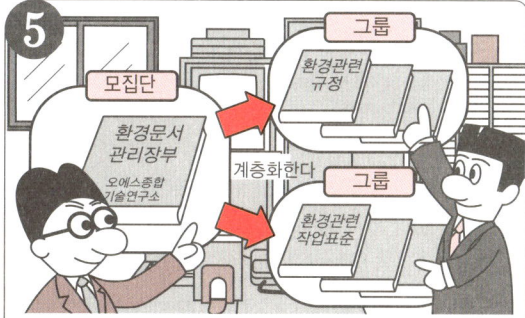

S : 다음은 어떻게 하나요?
O : 모집단 전체의 동일 감사를 위해 계층화해야 하네.
S : 예로 문서관리 장부를 모집단으로 가정하고 규정류, 작업표준류, 환경법규류 등으로 나누어야겠네요.

S : 그리고 나서 어떻게 하나요?
O : 모집단을 계층화한 각각의 그룹에서 감사시간에 맞는 수만큼을 샘플링하는 것이지.
S : 예를 들면, 규정류, 작업표준류에서 선택하는군요.

113

9. 정보는 피감사자와의 면담을 통해 수집한다

- S : 내부환경감사에서 정보는 문서감사, 현장감사에서 수집하는데, 구체적으로 어떤 요령으로 하나요?
- O : 물론 문서감사와 현장감사도 피감사자와 직접 면담을 통해 활동상황을 감사하지.

- S : 피감사자와의 면담은 어떻게 하나요?
- O : 환경감사원이 피감사자와 대면하면 우선 관찰부터 해야겠지. 감사는 첫인상이 중요하니까 말이야.
- S : 피감사자의 처음 대응을 잘 살펴야겠네요.

- O : 환경감사원은 시간에 구애받지 말고 피감사원에게 질문해야하네. 분위기가 모호해질 수 있으니까 말이야.
- S : 이때 체크리스트를 준비하면 좋겠네요. 질문사항을 사전에 준비해야 하니까요.

- S : 피감사자가 질문에 대답한 다음에는 어떻게 하나요?
- O : 피감사자의 회답과 실제 실행되고 있는지를 문서와 환경기록으로 확인해야겠지.
- S : 회답을 뒷받침할 증거자료 제시를 요청하는 것이군요.

- S : 다음은 어떻게 하나요?
- O : 모집단 전체의 동일 감사를 위해 계층화해야 하네.
- S : 문서관리 장부를 모집단으로 가정하고 규정류, 작업표준류, 환경법규류 등으로 나누어야 겠네요.

- O : 환경감사 중 얻은 정보는 전부 메모해야 하네.
- S : 피감사자의 환경경영시스템에 대한 '부적합사항' 기록은 물론 적합하다고 판단한 기록도 있어야겠네요.
- O : 이것을 '감사메모'라고 하지.

10 피감사자를 상대로 하는 질문은 체크리스트에 따른다

S : 피감사자와의 면담에서는 자주 체크리스트가 사용되는데, 왜 그런가요?
O : 체크리스트란 환경감사원이 확인해야 할 항목을 사전에 정리한 것이지.

S : 체크리스트는 어떤 요령으로 작성하면 좋을까요?
O : 환경감사대상이 되는 사항이나 사물을 정해 감사기준에 기초해 감사대상 항목을 정하면 되겠지.
S : 샘플사이즈와 질문의 내용을 정하는 것이군요.

S : 체크리스트에는 어떤 이점이 있나요?
O : 질문사항을 사전에 준비하기 때문에 감사시간이 절약되고, 중요항목을 누락시키지 않는다는 점이겠지.
S : 지금까지 경험을 토대로 한 수정·개선이 가능하겠군요.

S : 체크리스트는 어떻게 사용되나요?
O : 체크리스트에 따라 질문을 하고, 그 다음 전개는 체크리스트에 구애받지 않아 편하지.
S : 필요한 대답을 얻으면 전부 질문하지 않아도 되겠군요.

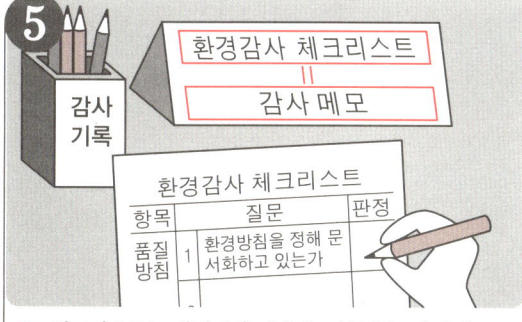

S : 체크리스트는 환경감사 내용을 기록하는 감사메모로도 사용할 수 있겠네요.
O : 감사기록은 재현성을 가지기 위해 가능한 한 구체적으로 기재할 필요가 있다네.

O : 중요한 것은 부적합한 상황이 도출될 가능성이 있을 경우에는 체크리스트에 기재되지 않았더라도 심도있는 질문을 해야 한다는 점이네.
S : 의심스러운 점은 철저하게 감사에 임해야겠군요.

11 | 질문의 방법에는 완결형과 발전형이 있다

S : 정보 수집은 피감사자와의 면담으로 실행하는데, 정보를 얻으려면 어떻게 하면 좋을까요?
O : 환경감사원은 많은 질문을 하지. 질문을 하지 않으면 필요한 정보를 얻을 수 없으니까 말이야.

S : 질문은 어떤 순서로 하면 좋을까요?
O : 요구사항에 대한 절차가 있는가, 요구하는 문서내용이 올바른가, 절차대로 실시하고 있는가, 필요한 기록이 있는가의 순으로 하는 것이 기본이라네.

S : 질문에는 어떤 형식이 있습니까?
O : 완결형 질문과 발전형 질문이 있다네. 피감사자가 "예", "아니요"로 대답하는 질문을 완결형이라 해서 결론을 신속히 얻는 데 적당하네.

S : 그렇다면 발전형 질문은 어떤 것인가요?
O : 5W 1H에 의해 질문하는 것이지.
S : 이야기의 서두를 꺼내고, 이야기를 전개하고, 피감사자에게서 많은 정보를 얻으려면 발전형이 좋겠지.

O : 같은 질문을 다른 사람에게 하는 것도 중요하다네.
S : 다른 사람과 근본 취지가 다른 대답을 한 사람에게 중점적으로 질문하는 것이 이해도 확인에 알맞겠군요.
O : 감사는 '오차가 있는 곳에 부적합사항이 있다'는 점을 유의해야 하네.

O : 환경감사원은 언제든지 "보여주세요.", "가르쳐 주세요."라는 질문을 잊어서는 안되네.
S : 환경감사원이 피감사자보다 더 잘 알고 있다는 태도를 취해서는 원하는 정보를 얻을 수 없겠네요.

12 감사증거를 평가하고 감사소견을 작성한다

S : 정보수집이 끝나면 어떻게 하나요?
O : 환경감사팀 전체의 견해로서 감사소견을 정리하기 위한 감사팀 미팅을 실시해야겠지.
S : 환경감사원 각각의 견해가 다르니까요.

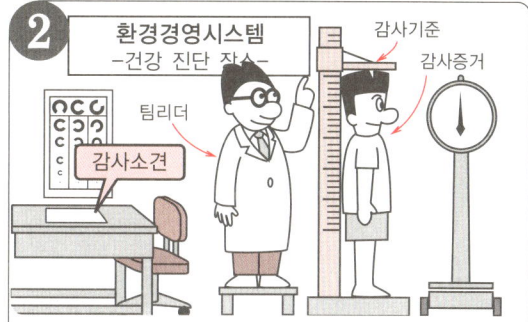

S : 그런데 감사소견이란 구체적으로 어떤 것인가요?
O : 수집한 감사증거를 합의된 감사기준과 비교하여 그 적합성을 평가한 결과를 감사소견이라고 하지.
S : 감사팀리더가 최종 결정하는 것이군요.

S : 감사증거는 어떻게 평가하나요?
O : 감사증거를 감사기준에 비추어 적합하지 않은 사항과 개선해야 할 사항으로 선정하는 것이지.
S : 이것을 부적합, 추천사항이라고 하는군요.

S : 환경경영시스템 감사에서는 ISO 14001 규격에서 취급하는 방침, 관행, 절차 또는 요구사항을 감사기준으로 하는군요.
O : 영향도에서 중대 부적합, 경미 부적합으로 분류하지.

O : 중대 부적합이란 환경에 민감한 영향을 미칠 가능성이 높다고 판단되는 환경관리시스템상의 결함을 말한다네.
S : 경미 부적합은 환경에 민감한 영향이 상대적으로 적은 것을 의미하는군요.

S : 부적합의 구체적인 예로는 어떤 것들이 있을까요?
O : ISO 14001 요구사항의 일탈·누락, 환경영향의 중요성을 잘못 평가하고 있고, 목적·목표기준에 만족하지 않으며, 절차의 치명적인 불이행 등이 있겠지.

13 최종회의에서 피감사자에게 감사결론을 제시한다

S : 환경감사팀 미팅에서 감사소견을 정리한 다음에는 어떻게 하나요?
O : 감사소견에 따른 감사결론을 피감사자의 해당 책임자에게 제시하기 위한 최종회의를 열어야지.

S : 최종회의라고 하신다면?
O : 환경감사팀 전원과 피감사자, 필요에 따라 경영진, 환경관리책임자가 함께 만나 감사소견의 사실 근거와 감사결론을 이해하기 위한 회의라네.

S : 그렇다면 최종회의는 어떻게 진행하나요?
O : 우선, 팀리더가 피감사자의 감사협조에 대해 인사를 하고 나서 이번 환경감사의 목적, 범위, 기준을 재확인하지.

S : 다음은 팀리더의 감사소견보고의 순서이군요.
O : 부적합사항에 대한 총괄 팀리더가 이야기하고, 개별적 부적합사항에 대해서는 담당 환경감사원이 설명하면 되겠지.

S : 제시한 부적합사항은 검사증거를 기초로 감사 현장에서 피감사자와 사실확인을 마쳐야겠네요.
O : 피감사자가 이해한 부적합사항에 대해 시정조치를 요구하고, 시정계획 제출기한의 약속을 받아야겠지.

O : 이번 부적합사항 건수는 감사 시 샘플링한 범위 내의 것이라네.
S : 전체를 관찰하지 않기 때문에 감사에서 제한 명시한 부적합사항이 더 존재할 수 있다는 것이군요.

14 내부환경감사보고서를 작성한다

S : 최종회의는 환경감사 당일에 끝나는데, 감사팀으로서 다음으로 무엇을 해야 하나요?
O : 최종회의에서 합의한 환경감사의 감사소견과 감사결과를 내부환경감사보고서로 정리해야겠지.

S : 내부환경감사보고서는 어떤 목적을 가지나요?
O : 우선, 경영진에 의한 기획관리의 기초 자료로서, 경영진에게 조직의 환경영향감사 체제 정비의 효과와 적합성에 대한 정보를 제공하게 되지.

S : 그런 다음 환경심사등록기관의 감사 시 내부환경감사 실시에 대한 기록으로서 제시하면 되겠네요.
O : 보고서는 감사계획에 따라 팀리더의 지시에 의해 팀 전체의 결론으로서 정리해야 하네.

S : 보고서에는 어떤 사항을 기재하면 되나요?
O : 금번 환경감사의 목적, 범위, 기준, 피감사자의 조직, 감사실시일 등을 전문으로 하고, 감사증거, 감사소견, 감사결론을 본문으로 기재하면 되겠지.

S : 내부환경감사보고서에서는 감사소견이 중요하군요.
O : 감사기준에 대해 환경경영시스템의 적합성과 실시 및 추천사항을 명확히 해야 하네.
S : 부적합과 개선 추천사항을 자세히 기록해야겠네요.

S : 이 보고서는 관련 부서에 배포함과 동시에 환경기록으로서 보존해 두어야겠네요.
O : 보고서는 조직의 환경문제 등 기밀내용이 기재되어 있을 수 있으므로 외부유출은 주의해야 하네.

15 내부환경감사의 부적합은 시정조치한다

S : 내부환경감사에서 드러난 부적합사항에 대해 어떻게 대처하면 좋을까요?
O : 물론 시정조치를 해야겠지. 이것은 시스템운영에 있어 중요한 지적이니까 말이야.

S : 그렇다면 시정조치는 누가 하면 되나요?
O : 필요한 시정조치는 환경관리책임자 또는 피감사자의 책임으로 정하는 것이 좋다네. 환경관리감사원도 조언하는 것이 좋겠지.

S : 그런데 시정조치는 어떤 것인가요?
O : 글쎄. 시정조치란 드러난 부적합사항이나 결함, 기타 바람직하지 않은 사항의 재발 방지를 위해 그 원인을 해결하기 위한 조치를 말하겠지.

S : 어떠한 단계로 시정조치를 진행하나요?
O : 우선, 부적합한 사항의 근본원인을 규명하고, 그 원인을 해결하기 위한 시정조치계획을 작성하며, 이를 확실히 실시하기 위한 관리를 하는 것이지.

S : 시정조치의 유효성을 검증하지 않으면 안되겠네요.
O : 음, 여기에는 실행할 시정조치의 실시내용과 그 효과를 검증하기 위한 지원을 하고, 그 기록을 남겨두어야 하네.

S : 시정조치 결과 발생하는 순서의 변경도 문서화 해두는 것이 좋겠네요.
O : 그리고 방침, 목적, 목표에 맞도록 환경경영시스템을 지속적으로 개선해야겠지.

제 4 편 ISO 섹터 규격이란 무엇인가

제6장

ISO 9001에 기초한 안전관리심사를 이해한다

이 장에서는 ISO 9001의 섹터 규격의 예로서 전력업계에서의 사업용 전기 공작물(자가용 전기 공작물을 포함)의 법정자주검사를 실시하기 위한 품질경영시스템의 안전관리심사에 대해 설명하고 있다.

(1) 섹터 규격이란 ISO 9001 규격을 특정 업종·제품에 대해 특별 요구사항을 포함하여 이를 구체적으로 어떻게 적용하는지에 대해 규정한 규격을 말한다.

(2) 안전관리심사는 일본 경제산업성 원자력 안전·보안원이 규정한 '안전관리심사 실시 요령'을 심사기준으로 하고, ISO 9001 : 1994에 준해 제정하고 있다.

(3) 사업용 전력 공작물의 설치자가 '안전관리심사 실시 요령'에 적합한 품질경영 시스템을 구축할 경우의 절차를 만화(일러스트)로 쉽게 설명하고 있다.

◀제4편▶ ISO 섹터 규격이란 무엇인가

1. 전기보안체제는 자주보안체제가 주가 된다

S : 전기 공작물에는 사업용 전기 공작물과 일반용 전기 공작물이 있어 우리 보안기술자로서는 전기보안체제가 어떻게 운영되고 있는지 궁금합니다.
O : 그렇다면 전기보안체제에 대해 먼저 설명을 하지.

O : 자가용 전기 공작물을 포함한 사업용 전기 공작물의 전기보안체제는 자주보안체제와 국가가 직접 관여하는 체제로 되어 있다네.
S : 보안의 규제 완화로 자주보안체제가 주가 되겠군요.

S : 그런데 자주보안체제란 무엇인가요?
O : 전기사업법에서는 전기설비기술기준의 유지 의무, 보안 규정의 작성 및 준수, 전기주임기술자의 선임, 법정자주검사의 실시가 의무화되어 있다네.

S : 국가가 직접 관여하는 경우란 어떤 것인가요?
O : 공사 계획의 인가·신고, 사용 전 검사·정기 검사(원자력 발전소에 한함), 사용 개시 신고, 안전관리심사, 사고 외의 보고 의무, 현장 검사 개선 명령 등이지.

S : 최근에는 어떻게 완화되었는지요?
O : 원자력 발전소 외에는 사전신고 의무도 없고, 또한 사용 전 검사·정기검사로 대신하고, 설치자에 의한 법정자주검사를 자체적으로 실행하지.

S : 그래서 설치자에 의한 법정자주검사(수전 전압 1만V 이상)가 적절하게 시행되고 있는지를 검사하기 위한 안전관리심사제도라는 것이 있군요.
O : 해당설치자는 심사를 받아야 하지.

2 안전관리심사는 법정자주검사체제를 심사한다

S : 전기보안체제에서 국가가 직접 관여하는 안전관리심사에는 어떠한 종류가 있나요?
O : 글쎄. 안전관리심사에는 시스템안전관리심사와 개별안전관리심사가 있다네.

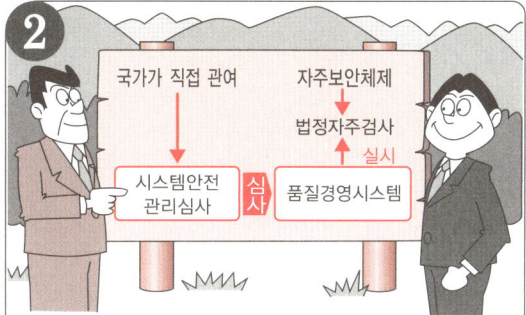

S : 시스템안전관리심사란 어떠한 것인가요?
O : 설치자의 법정자주검사 실시와 관련된 품질경영시스템이 경제산업성 법령, 관계통상법규에 따라 적절한지를 심사하는 것이지.

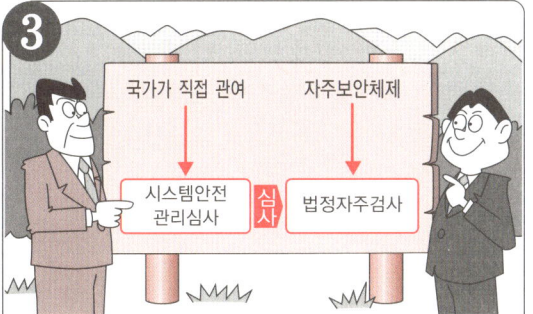

S : 그렇다면 개별안전관리심사란 어떠한 것인가요?
O : 이것은 시스템안전관리심사 외의 것을 말하며, 법정자주검사 자체가 적절하게 실시되고 있는지를 심사하는 것이라네.

S : 여기에서 품질경영시스템이란 무엇인가요?
O : 품질경영시스템이란 법정자주검사를 실시하기 위해 필요로 하는 조직 구조, 절차, 프로세스 및 경영자원을 의미하지.

S : 그렇다면 법정자주검사란 무엇을 말하나요?
O : 법정자주검사란 사용전 자주검사, 용접자주검사, 정기자주검사를 말하며, 지금까지 관 검사에서 있던 것을 설치자 책임으로 실행하는 것이라네.

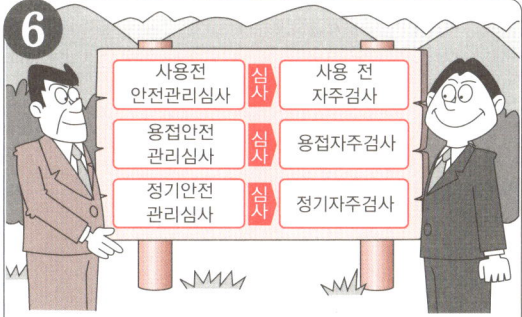

S : 그래서 안전관리심사에는 사용 전 안전관리심사와 용접안전관리심사, 정기안전관리심사가 있군요.
O : 이러한 법정자주검사의 실시가 설치자에게 의무화되어 그 실시를 심사하는 것이 안전관리심사제도라네.

3 안전관리심사는 문서 심사·현지 심사·평가를 한다

S : 안전관리심사는 언제 실행하는 것인가요?
O : 사용 전 자주검사, 정기자주검사를 실시하는 시기에 설치자의 신청에 의해 실행된다네.
S : 적합통보를 받았다면 3년 경과 후에도 좋겠네요.

S : 그렇다면 어떠한 심사체제로 실행되나요?
O : 안전관리심사는 원칙적으로 문서심사와 현지심사가 있고, 문서심사는 법정자주검사와 관련된 실시체제, 관계문서의 정비상황 등을 확인한다네.

S : 그렇다면 현지심사는 무엇을 확인하는 것인가요?
O : 설치자가 미리 규정한 검사실시체제, 검사실시방법대로 법정자주검사가 실행되고 있는지를 검사기록, 검사관계자를 통해 심사하는 것이지.

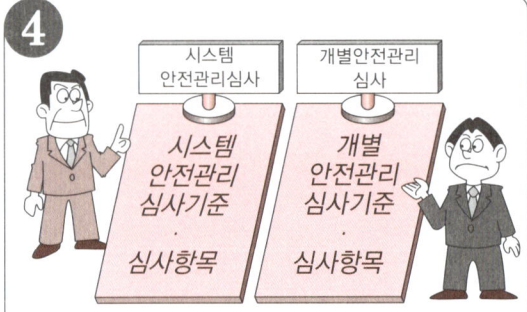

S : 안전관리심사는 무엇을 기준으로 심사하나요?
O : 시스템안전관리심사는 '시스템안전관리심사기준·심사항목'으로, 또한 개별안전관리심사는 '개별안전관리심사기준·심사항목'을 기준으로 하지.

S : 시스템안전관리심사 결과 시스템안전관리심사 기준의 전 항목에 적합해야겠네요.
O : 적합하다면 충분한 품질경영시스템(체제)이 되어있다는 취지의 평가를 받게 되겠지.

S : 적합하지 않은 항목이 있으면 어떻게 되나요?
O : 이 경우는 개별안전관리심사가 실행되고, 적합하다면 법정자주검사를 실시해도 된다는 취지의 평가를 받게 되지.

제6장 ▶ ISO 9001에 기초한 안전관리심사를 이해한다

4 시스템심사기준은 ISO 9001 규격에 준한다

S : 그렇다면 안전관리심사 중 시스템안전관리심사에 대해 설명해 주시겠습니까?
O : 법정자주검사를 자주 실시하는 전기 공작물 설치자는 주로 시스템안전관리심사 대상이 되지.

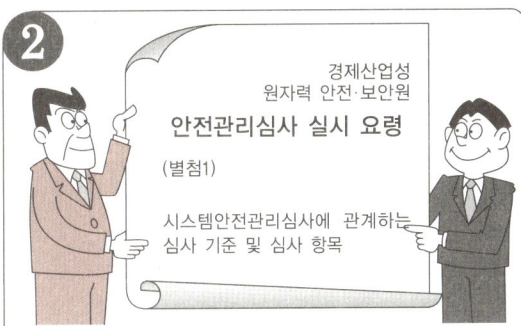

S : 무엇을 기준으로 시스템안전관리심사를 실시하나요?
O : 안전관리심사 실시 요령(경제산업성 원자력 안전·보안원)의 '시스템안전관리심사에 관계하는 심사기준 및 심사항목'이 심사기준이지.

S : 이 심사기준은 법정자주검사의 실시 체제가 전기사업법에 기초한 법령실시를 위해 적절한지에 대한 판단 기준이겠군요.
O : 그렇다네.

S : 여기서 말하는 체제는 어떠한 것인가요?
O : 체제란 법정자주검사를 실시하는 데 필요한 조직 구조, 절차, 프로세스 및 경영 자원을 의미하지.
S : 이것을 품질관리시스템이라고 하는군요.

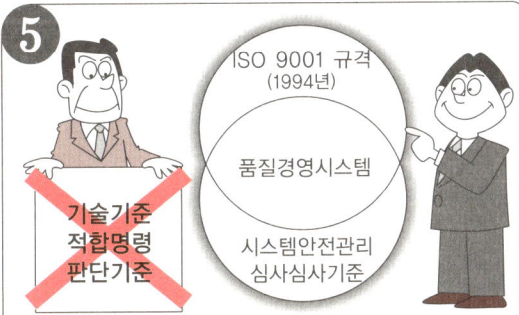

S : 이 심사기준은 ISO 9001 : 1994 규격의 품질경영시스템에 준해 제정되었지요?
O : 이것은 법정자주검사의 품질경영시스템이 대상이지, 기술기준 적합명령의 판단기준은 아니라네.

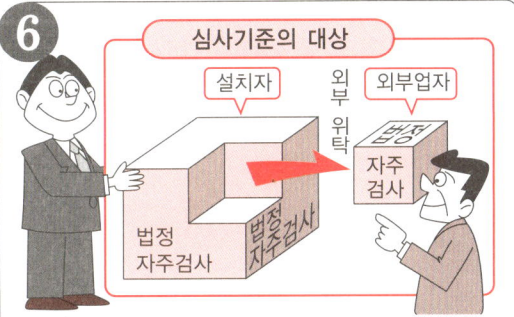

S : 이 심사기준은 법정자주검사를 외부업자에게 위탁하는 경우도 대상이 되나요?
O : 설치자의 책임으로 외부 위탁한 법정자주검사 업무의 품질경영시스템도 심사대상이 되지.

5 품질관리시스템을 구축한다

S : 전기 공작물(수전 전압 1만V 이상) 설치자의 시스템 안전관리심사에서는 무엇을 제품으로 판단하나요?
O : ISO 9001 규격은 제품을 '프로세스의 결과'로 규정하지만, 심사기준은 '법정자주검사' 자체를 말한다네.

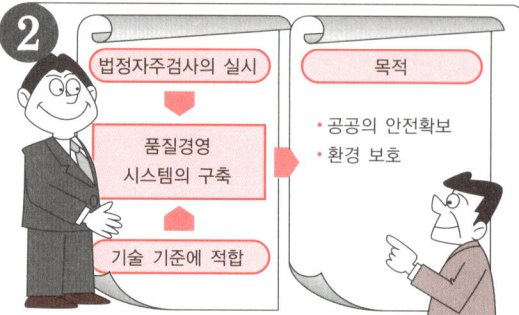

S : 설치자는 법정자주검사의 실시에 앞서 전기사업법 전기설비기술기준에 맞는 품질경영시스템을 구축해야겠네요.
O : 공공의 안전과 환경 보호에 기여하기 위한 목적이라네.

S : 품질경영시스템의 구축 절차는 어떻게 해야하나요?
O : 우선, 품질방침을 설정하고 품질경영체제를 명확히 한 다음, 이를 품질매뉴얼, 절차서로 문서화하여 이를 기초로 실시하고 유지해야겠지.

S : 법정자주검사를 위한 검사·측정·시험 장치를 관리하고 적절히 수정하지 않으면 안되겠네요.
O : 또한, 감사결과에서 드러난 부적합 사항을 관리하고 재발방지하기 위한 시정조치도 취해야한다네.

S : 법정자주검사 담당자의 교육·훈련을 실시하고 실행에 대한 통계적 수단의 활용도 고려하면 좋겠네요.
O : 구축한 품질경영시스템이 적절히 운용되고 있는지 내부품질감사를 할 필요가 있다네.

S : 구축한 품질경영시스템을 준수하고 그대로 실시하는 것이 중요하겠네요.
O : 실시활동의 증거로서 항상 기록을 남기고, 품질경영시스템을 지속적으로 개선해야지.

6 집행책임자는 품질방침을 정하고 시스템을 수정한다

S : 안전관리심사 기준에서의 집행책임자는 누구인가요?
O : 법정자주검사 계획, 실시, 판정 및 부적합사항에 대한 조치에 대해 총괄책임을 맡을 사람이지.
S : 예를 들어 발전소의 경우라면 발전소 소장이겠네요.

S : 우선 집행책임자는 무엇을 하면 좋을까요?
O : 글쎄. 품질에 관한 조직의 전체적인 의도, 방향성에 대해 품질방침을 책정해야겠지.
S : 품질방침은 문서로 관리해야겠네요.

S : 품질방침은 어떠한 내용으로 하면 좋을까요?
O : 품질목표, 집행책임자의 책무, 전기사업법에 기초한 전기주임기술자의 책무, 설치자의 조직도달목표 등이 정해져야겠지.

S : 품질목표에 법정자주검사를 전기사업법, 관련법령, 관련 통보 등을 통해 실시하는 것을 명시해야죠?
O : 전기사업법에 기초한 법정자주검사의 보안 감독자가 되는 전기주임기술자의 책임도 명시해야하네.

S : 그런 다음 품질방침을 모든 사람이 이해할 수 있도록 실행 및 유지되야 한다는 점을 명시해야겠네요.
O : 법정자주검사와 관련된 대상조직의 계층도 명확히 해야겠지.

S : 품질경영시스템은 수정 가능한 것이군요.
O : 집행책임자는 품질방침 및 품질목표를 만족시키기 위해 수정시기와 기준을 정해야 하네.
S : 수정한 결과의 기록은 보관해 두어야겠네요.

7. 책임·권한을 명확히 하고 직원을 배치한다

S : 품질경영체제로서 조직의 책임, 권한을 명확히 하고 이를 문서화해야 하는군요.
O : 법정자주검사를 실시하는 조직의 각 계층과 부서의 직무를 명확히 하고 그 내용을 명시해야하네.

S : 법정자주검사에 있어서 부적합사항의 예방, 문제점의 규명 및 기록, 해결책의 제시·권고·제공, 실시·검증에 대한 책임 및 권한을 명시해야겠네요.
O : 시정될 때까지는 후공정에 대한 진행을 관리해야 하네.

S : 사내뿐만 아니라 법정자주검사를 외주업체와 협력하여 실행하는 경우 해당 업체도 대상이겠군요.
O : 외주업체도 안전관리심사의 대상이므로 업무종류, 영향, 능력, 실적에 기초하여 관리해야겠지.

S : 법정자주검사를 정확·확실·원활하게 실시하기 위해서는 훈련된 능력있는 직원을 배치해야겠네요.
O : 직원에게는 검사업무를 수행하는 데 필요한 훈련과 함께 검사내용에 따른 적절한 경험도 필요하다네.

S : 또한, 검사업무를 위해 필요한 설비, 자재가 제공되고 직원이 배치되어야겠네요.
O : 품질경영시스템이 유효하게 기능하고 있는지 검사하기 위한 내부감사원의 배치도 필요하지.

S : 관리자 중 품질관리책임자를 선임하는군요.
O : 품질관리책임자는 품질경영시스템을 확립·실행·유지하고, 수정 및 개선의 근거, 실시상황을 집행책임자에게 보고할 책임이 있어요.

제6장 ▶ ISO 9001에 기초한 안전관리심사를 이해한다

8 심사기준에 적합한 품질매뉴얼을 작성한다

S : 법정자주검사가 규정 요구사항에 적합하도록 하지 않으면 안되겠네요.
O : 법정자주검사가 전기사업법에 기초한 경제산업성 법령, 통보에 적절하도록 실시되어야하지.

O : 안전관리 심사기준을 기초로 품질경영시스템을 확립하고 문서화하여 실시, 유지해야 하는 것이라네.
S : 품질경영시스템은 품질경영을 위해 조직을 지휘하고 관리하기 위한 경영시스템이군요.

S : 품질경영시스템을 확립하려면 구체적으로 어떻게 하면 좋을까요?
O : 우선, 안전관리 심사기준의 요구사항을 충족할 수 있는 품질매뉴얼을 작성해야한다네.

S : 품질매뉴얼이란 무엇인가요?
O : 품질방침을 기재하고 법정자주검사 조직의 품질경영시스템을 규정하는 문서를 의미하지.
S : 조직의 품질에 관한 가장 상위의 문서로군요.

S : 품질매뉴얼은 안전관리심사 기준의 요구사항을 조직이 어떤 방법으로 만족시키는가를 말하는군요.
O : 그 밖에 품질경영시스템에서 사용하는 문서체계의 개요가 기술되어 있다네.

S : 품질매뉴얼에는 품질에 직간접적으로 영향을 주는 작업을 관리, 실시, 검증, 검토하는 직원의 책임과 권한 등도 기재하는 것이 좋겠네요.
O : 우선 품질매뉴얼의 내용을 준수해야하네.

◀제4편▶ ISO 섹터 규격이란 무엇인가

9 법정자주검사를 실시하기 위해 절차서를 작성한다

S : 그렇다면 요구사항에 맞는 심사기준, 그리고 설치자의 품질방침에 맞도록 절차서를 만들 시기가 되었네요. 어떻게 하면 좋을까요?
O : 절차서는 조직운영방침에 따른 서식이면 되지.

S : 절차서에는 요구품질을 달성하는 데 필요한 모든 관리수단, 공정, 검사, 시험을 포함한 설비, 비품, 기능을 명확히 나타내야 하는군요.
O : 절차서에 개별검사요령서도 포함하면 좋다네.

S : 절차서는 법정자주검사의 적정단계에서 적절한 검증과 주관적인 요소를 포함한 요구사항에 대해 판정기준을 명확히 하기 위한 것이군요.
O : 검사 절차서, 적용문서를 일치시키기 위한 것이지.

S : 어떠한 절차서를 작성하면 좋을까요?
O : 글쎄. 검사 요령서는 비파괴시험요령서, 내압시험요령서, 용접시공요령서, 용접사승인요령서 등이 있지.

S : 절차서를 작성하고 배포하여 절차서에 따라 업무를 실행하는군요.
O : 배포한다고 해서 모두 실행한다고 볼 수 없으므로 해당자에게 절차서 내용과 준수의식을 교육시켜야 하네.

S : 절차서에 따라 업무를 실행했다면 품질기록을 받고, 쉽게 검색할 수 있도록 관리해야겠네요.
O : 기록에는 비파괴시험직원승인서, 용접시공요령승인서, 수리·부적합보고서 등이 있지.

10 법정자주검사 시 심사기준이 되는 관련문서를 관리한다

S : 어떠한 문서를 관리하면 좋을까요?
O : 법정자주검사 시 심사기준이 되는 요구사항과 관련된 문서는 반드시 관리해야하네.
S : 회사문서 전부는 아니군요.

S : 그렇다면 요구사항에 맞는 심사기준, 그리고 설치자의 품질방침에 맞도록 절차서를 만들 시기가 되었네요. 어떻게 하면 좋을까요?
O : 절차서는 조직 운영 방침에 따른 서식이면 되지.

S : 문서는 발행에 앞서 그 권한을 부여받은 사람이 그 적절성을 확인하고 승인해야겠네요.
O : 문서 최신판의 상태를 명확히 하려면, 문서관리장부 등에 등록하여 관련부서에 배포해야하네.

S : 폐지된 문서나 무효화된 문서는 발행부서, 사용부서에서 빨리 처분하면 좋겠네요.
O : 폐지나 무효화된 문서라도 법률상 지식 보존의 목적으로 관리해야 할 경우에는 식별이 쉽도록 관리해야겠지.

S : 문서를 변경할 경우에는 어떻게 하나요?
O : 변경승인이 필요하겠지. 내용을 확인할 수 있는 근거가 되는 증명 자료와 함께, 가능하면 변경하고자 하는 내용을 문서 또는 적절한 첨부문서로 명확히 해야겠지.

S : 이런 문서를 관리하기 위한 절차를 문서화해 둘 필요가 있겠군요.
O : 문서관리 절차서를 작성하여 문서의 제정, 변경, 배포 방법을 지정하여 이를 실행하고 준수해야 하네.

11 법정자주검사에 사용하는 검사설비를 관리한다

S : 법정자주검사에 사용하는 검사, 측정, 시험설비도 관리해야 하는군요.
O : 전기 공작물이 전기사업법에 적합하고 공사 계획의 기준과 근거를 증명할 필요가 있으니 관리해야겠지.

S : 측정 항목, 정확도에 맞는 설비를 선정해야겠군요.
O : 검사설비는 국제·국가계량표준에 연계 가능한 계량표준에 따라 교정 및 조정하는 것이라네.
O : 교정은 사전에 정한 간격이나 사용 전에 하는군요.

S : 교정 방법을 지정해야겠네요.
O : 검사설비의 고유식별, 적절한 표식이나 배치장소, 그리고 점검빈도, 점검방법, 판정기준, 결과가 불만족스러운 경우의 조치방법 등이 필요하지.

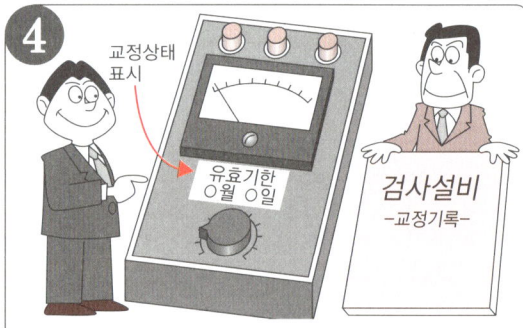

S : 교정상태를 나타낸 유효기간을 명시하면 좋겠네요.
O : 교정을 마쳤다면 기록을 남겨야하네. 나라 또는 지정 안전관리심사기관의 요구가 있으면 검사·측정·시험설비의 기능적 적정데이터가 제공될 수 있어야하네.

S : 만약 검사설비가 교정기준에 만족하지 못하면 과거 검사결과의 타당성을 평가하여 문서화해야 해요.
O : 검사설비는 파손되지 않도록 다뤄야 하고 정확도가 유지되도록 보관해야하네.

S : 이러한 검사설비의 관리절차를 문서화할 필요가 있겠네요.
O : 법정자주검사에서의 검사, 측정, 시험에 사용되는 설비는 필요한 측정능력을 충족시켜야하네.

찾아보기

영문

1자 감사 ················· 82
2자 감사 ················· 82
3자 감사 ················· 82
1차 문서 ················· 43
2차 문서 ················· 43
3차 문서 ················· 43
4차 문서 ················· 43
ISO ···················· 53
ISO 14001 규격 ···· 53, 54, 55
ISO 14004 규격 ··········· 53
ISO 14050 규격 ··········· 53
ISO 19011 규격 ········ 53, 82
ISO 9001 규격 ············· 2
PDCA 사이클 ············ 55

ㄱ

감사 ···················· 82
감사결론 ············ 93, 100
감사계획 ················· 91
감사기준
  ···48, 77, 82, 88, 94, 99, 117
감사메모 ················· 96
감사범위 ············· 88, 91
감사보고서 ·············· 102
감사사이클 ·············· 106
감사소견 ········· 83, 99, 117
감사원 ············ 26, 77, 85
감사원의 질문 ············ 98
감사의 목적 ·············· 88
감사의 원칙 ·············· 83
감사의뢰자 ··············· 85

감사증거 ············ 48, 82
감사팀 ·············· 89, 108
감사팀리더 ·············· 108
감사팀멤버 ·············· 108
감사 프로그램 ····· 26, 86, 87
감사 프로그램 책임자 ········
              86, 89, 106, 107
감시 ···················· 72
개별안전관리심사 ········ 123
개선 ···················· 80
검사 ···················· 28
검사기기 ················· 24
검증 ············· 18, 28, 72
경미부적합 ·············· 117
경영자원 ·················· 6
경영 시스템감사 ·········· 84
고객 만족 ················ 25
고객 요구사항 ············ 14
고객재산 ················· 22
고객중시 ················· 25
공급자 ··················· 17
공급자의 평가 ············ 17
공정 내 검사 ············· 28
관리책임자 ············ 6, 64
교육 ················ 39, 46
교육계획 ················· 39
교육훈련 ········ 11, 47, 65, 66
교정 ············ 19, 72, 132
구매정보 ················· 18
구매제품 ············· 17, 18
구매프로세스 ············· 17
국제표준화기구 ············ 53

권한 ······· 6, 8, 52, 64, 128
기능분담표 ··············· 36
기록 ···· 5, 43, 46, 69, 76, 87
기반(시설) ········· 10, 12, 63
기술 전문가 ·············· 89
기획관리 ······ 6, 9, 52, 78, 79
긴급사태 ············· 70, 71

ㄴ

내부 커뮤니케이션 ········· 67
내부감사 ······· 26, 77, 84, 85
내부품질감사원 ············ 39
내부환경감사보고서 ······· 119
내부환경감사시스템 ······· 107
내부환경감사 ········ 52, 106

ㄷ

데이터 ··················· 30
등록마크 ················· 51
등록증 ··················· 51
디자인 검토 ·············· 16

ㅁ

마스터플랜 ··············· 37
모집단 ·············· 95, 113
문서 ········ 4, 43, 68, 69, 131
문서감사 ········ 48, 112, 114
문서검토 ················· 90
문서관리장부 ··········· 4, 69
문서심사 ················ 124
문서의 체계 ·············· 43
문서화 ···················· 2

찾아보기

ㅁ
민감한 환경영향 ············ 72
민감한 환경(적) 측면··········
··················· 60, 65, 70

ㅂ
발전형 질문 ·········· 97, 116
법령규제 요구사항 ········· 61
법적 요구사항 ············· 73
법정자주검사········ 123, 128
보호···················· 23, 24
부적합 ···· 29, 34, 74, 99, 117
부적합 제품 ················ 29

ㅅ
사고 ······················ 71
사내규정··················· 43
사실확인············· 14, 111
사용 전 안전관리심사 ···123
산성비 ···················· 50
샘플링 ········ 92, 93, 95, 113
설계·개발 ·················· 15
설계·개발의 검증 ·········· 16
설계·개발의 검토 ·········· 16
설계·개발의 입력사항 ······ 16
설계·개발의 출력사항 ······ 15
설계·개발의 타당성 확인 ···· 16
설계·개발의 프로세스 ······· 16
소급조치 ················· 103
손실비용··········· 10, 34, 40
수입검사··················· 28
수정······················ 69
시뮬레이션 ················ 16
시스템안전관리심사 ···123, 125
시정조치요구·회답서········103
시정조치······ 32, 75, 103, 120

ㅅ(continued)
식별 ················· 21, 23
심사등록기관 ············· 38
심사등록제도 ·········· 51, 56

ㅇ
안전관리심사········ 123, 124
안전관리심사제도······ 122, 123
역량 ········ 11, 26, 47, 65
예고감사 ················ 109
예방조치············· 32, 75
완결형 질문 ·········· 97, 116
외부문서(자료) ········ 4, 69
외부 커뮤니케이션 ········ 67
용접안전관리심사 ········ 123
운용기준·················· 70
유효성···················· 31
유효성의 검증 ············ 94
이해관계자 ··············· 58
인적자원·················· 63
인증기관············· 38, 51
인증범위·················· 38
인증/등록
 ······· 34, 36, 40, 51, 56, 82
인증/등록 취득범위········ 35

ㅈ
자각 ····················· 66
자기선언·················· 56
자원······················ 63
자주보안체제 ············ 122
작업문서 ················ 107
작업지시서 ··············· 19
작업환경············· 10, 12
잠정조치 ················ 103
적용범위·················· 57

ㅈ(continued)
적용제외 ·················· 3
적합 ····················· 99
적합성 검증 ·············· 94
전기보안체제········ 122, 123
절차 ····················· 57
절차서 ········ 42, 45, 130
절차서의 범위 ············ 45
정기안전관리심사 ········ 123
정보공개·················· 67
정보수집 ········ 93, 111, 113
제3자 기관··············· 51
제품 ··············· 15, 126
제품 실현 프로세스 ········ 13
제품 특성 ················ 19
제품 보존 ················ 23
조직이 동의하는 요구사항 61, 73
주문서···················· 18
준수평가·················· 73
중대 부적합 ············· 117
지구온난화 ··············· 50
지속적 개선 ·········· 31, 80
지원 ········ 26, 100, 104, 120
지원감사 ················ 104

ㅊ
책임 ········ 6, 8, 52, 64, 128
첫(1차)회의 ········ 77, 92, 110
체크리스트 ······· 96, 114, 115
최고경영자················ 64
최종검사·················· 28
최종회의 ·········· 101, 118
추적성 ················ 5, 21
추천사항 ················ 117
측정······················ 72
측정기기·················· 24

찾아보기

ㅋ
커뮤니케이션 ············ 14, 67

ㅌ
타당성 확인 ················ 20
특별 채용 ················ 29
특수공정 ················ 20

ㅍ
폐기문서 ················· 4
포장······················ 23
품질계획 ················· 7
품질계획서 ··············· 13
품질경영시스템 ··2, 42, 125, 129
품질경영시스템의 감사 ······84

품질기록 ············· 5, 43
품질매뉴얼 ····3, 8, 42, 43, 44
품질목표 ················· 7
품질방침 ········· 6, 7, 127
프로세스 ······3, 20, 27, 41
프로세스 어프로치(접근) 2, 13, 41
프로세스 타당성 확인········ 20
피감사자 ············· 85, 90

ㅎ
항구조치 ················ 103
현상의 조치·············· 103
현장감사 ············ 48, 114
현지감사 ················· 90
환경 ················ 50, 54
환경감사 실시계획·········· 109

환경경영시스템ᆞ········· 52, 57
환경경영시스템 문서 ········68
환경경영시스템의 감사 ······84
환경기록ᆞ················· 52
환경매뉴얼 ··············· 68
환경목적 ········· 52, 55, 62
환경목표················ 52, 62
환경방침 ········· 52, 55, 58
환경실시계획·············· 62
환경심사등록기관 ·········· 51
환경영향 ················· 58
환경영향평가·············· 59
환경적 측면 ······· 56, 59, 60
환경활동지표·············· 62

135

■ 저자 약력

大浜 庄司 (오하마 쇼지)
- 오에스 종합기술연구소 소장
- IRCA 등록주임심사원(영국)
- JRCA 등록주임심사원(일본)
- JRCA 승인검증심사원
- 심사등록기관
  JIA-QA 센터 주임심사원
- 심사원연수기관
  주식회사 글로벌 테크노 전임강사
- 사단법인 일본전기공업회
  ISO 9000 주임강사

〈주요 저서〉
- 「ISO9001内部品質監査の実務知識早わかり」(改訂4版)(オーム社)
- 「ISO9000品質マネジメントシステム構築の実務」(オーム社)
- 「図解ISO14001実務入門」(オーム社)

■ 역자 약력

염경철
- 현) 한국품질관리학원장

〈주요 저서〉
- 「실전 품질관리기사」, 지구문화사, 1994
- 「품질관리론」, 지구문화사, 1996
- 「개정 품질관리기사 총정리」, 지구문화사, 2002
- 「품질경영」, 한국품질관리학원, 2002
- 「품질경영론」(공저), 형설출판사, 2002
- 「ISO 2859 규격에 맞춘 샘플링 검사 실무」(공저), 이레테크, 2006
- 「적중 품질경영기사」, 성안당, 2006
- 「적중 품질경영산업기사」, 성안당, 2007
- 「적중 품질경영기사·산업기사 실기」, 성안당, 2007
- 「과년도 품질경영기사·산업기사」, 성안당, 2007

프로가 만화로 가르쳐 주는
ISO 입문

2013. 12. 12. 초판 1쇄 인쇄
2013. 12. 27. 초판 1쇄 발행

지은이 | 大浜 庄司
옮긴이 | 염경철
펴낸이 | 이종춘
펴낸곳 | BM 성안당
주소 | 121-838 서울시 마포구 양화로 127 첨단빌딩 5층(출판기획 R&D 센터)
     | 413-120 경기도 파주시 문발로 112(제작 및 물류)
전화 | 02) 3142-0036
     | 031) 955-0511
팩스 | 031) 955-0510
등록 | 1973.2.1 제13-12호
출판사 홈페이지 | www.cyber.co.kr
ISBN | 978-89-315-7683-2 (17320)
정가 | 14,500원

이 책을 만든 사람들
진행 | 김용하
교정·교열 | 김용하, 유지인
전산편집 | 김인환
표지 | 박원석
홍보 | 최고운
마케팅 | 변재업, 구본철, 차정욱, 이상무, 채재석, 강호묵
제작 | 김유석

이 책의 어느 부분도 저작권자나 BM 성안당 발행인의 승인 문서 없이 일부 또는 전부를 사진 복사나 디스크 복사 및 기타 정보 재생 시스템을 비롯하여 현재 알려지거나 향후 발명될 어떤 전기적, 기계적 또는 다른 수단을 통해 복사하거나 재생하거나 이용할 수 없음.

※ 잘못된 책은 바꾸어 드립니다.